A
HORA
DOS
PREDADORES

Giuliano Da Empoli

A HORA DOS PREDADORES

Como **AUTOCRATAS** e **MAGNATAS DIGITAIS** estão levando o mundo à beira de um **COLAPSO ORQUESTRADO**

TRADUÇÃO Julia da Rosa Simões

1ª edição
2ª reimpressão

Coleção **ESPÍRITO DO TEMPO**

VESTÍGIO

Copyright © Éditions Gallimard, Paris, 2025

Título original: *L'Heure des prédateurs*

Todos os direitos reservados pela Editora Vestígio. Nenhuma parte desta publicação poderá ser reproduzida, seja por meios mecânicos, eletrônicos, seja via cópia xerográfica, sem a autorização prévia da Editora.

DIREÇÃO EDITORIAL
Arnaud Vin

EDIÇÃO E PREPARAÇÃO DE TEXTO
Eduardo Soares

REVISÃO
Aline Sobreira

CAPA
Diogo Droschi
(Sobre imagem
de Adobe Stock)

DIAGRAMAÇÃO
Guilherme Fagundes

Dados Internacionais de Catalogação na Publicação (CIP)
Câmara Brasileira do Livro, SP, Brasil

Empoli, Giuliano Da
 A hora dos predadores / Giuliano Da Empoli ; tradução Julia da Rosa Simões. -- 1.ed. ; 2.reimp. -- São Paulo : Vestígio, 2025.

 Título original: L'Heure des prédateurs.
 Bibliografia.
 ISBN 978-65-6002-113-6

 1. Ciência política 2. Democracia 3. Espionagem 4. Geopolítica 5. Guerra - Aspectos políticos 6. Política internacional I. Título.

25-269120
CDD-320

Índices para catálogo sistemático:
1. Ciências políticas 320

Eliane de Freitas Leite - Bibliotecária - CRB 8/8415

A **VESTÍGIO** É UMA EDITORA DO **GRUPO AUTÊNTICA**

São Paulo
Av. Paulista, 2.073 . Conjunto Nacional
Horsa I . Salas 404-406 . Bela Vista
01311-940 . São Paulo . SP
Tel.: (55 11) 3034 4468

Belo Horizonte
Rua Carlos Turner, 420
Silveira . 31140-520
Belo Horizonte . MG
Tel.: (55 31) 3465 4500

www.editoravestigio.com.br
SAC: atendimentoleitor@grupoautentica.com.br

*Entre os heróis cujas vidas
exemplares Plutarco nos narrou,
raros são os verdadeiros cavalheiros.*
Curzio Malaparte

■ SUMÁRIO

Nova York, setembro de 2024	13
Florença, março de 2012	35
Riade, novembro de 2024	41
Nova York, setembro de 2024	53
Washington, novembro de 2024	57
Chicago, novembro de 2017	69
Montreal, setembro de 2024	77
Paris, setembro de 1931	83
Berlim, dezembro de 2024	89
Roma, outubro de 1998	99
Lisboa, maio de 2023	107
Lieusaint, dezembro de 2024	115
Notas bibliográficas	121
Obras consultadas	125

QUANDO AS PRIMEIRAS NOTÍCIAS do desembarque de Hernán Cortés chegaram à capital do Império Asteca, Montezuma II prontamente reuniu seus conselheiros mais próximos. Que atitude tomar diante daqueles visitantes inesperados, vindos sabe-se lá de onde, a bordo de estranhas cidades flutuantes?

Alguns defenderam que era preciso expulsar os invasores na mesma hora. Não seria difícil para as tropas imperiais eliminar algumas centenas de insolentes que haviam ousado pisar as terras da Tríplice Aliança sem ser convidados. "Sim, mas", ponderaram outros. De acordo com os primeiros relatos sobre os estrangeiros, eles pareciam dotados de poderes sobrenaturais: estavam inteiramente revestidos de metal, contra o qual as flechas mais afiadas se partiam. Cavalgavam grandes animais, semelhantes a cervos, que obedeciam a seus comandos com precisão. E, acima de tudo, dominavam o sopro do fogo e o trovão da zarabatana, que podiam abater qualquer um que se opusesse a eles. E se, em vez de bárbaros insolentes, eles fossem deuses? E se seu líder – um homem branco, barbado, de capacete reluzente – fosse o deus renegado, a serpente emplumada Quetzalcóatl, retornando para reivindicar suas terras?

Dividido entre opiniões tão opostas, o imperador fez o que os políticos, em todas as épocas, costumam fazer diante desse tipo de situação: decidiu não decidir. Enviou aos estrangeiros uma embaixada repleta de presentes, para impressioná-los com o esplendor de seu império, mas proibiu que avançassem em direção à capital. O desfecho foi o mesmo que, em todas as épocas, costuma resultar desse tipo de hesitação: tentando evitar a guerra por meio da desonra, Montezuma acabou ficando com ambas, a desonra e a guerra.

Ao longo das três últimas décadas, os líderes políticos das democracias ocidentais se comportaram, diante dos conquistadores da tecnologia, exatamente como os astecas do século XVI. Confrontados com os trovões e os relâmpagos da internet, das redes sociais e da inteligência artificial, eles se submeteram – na esperança de que um pouco de seu pó de pirlimpimpim respingasse sobre eles.

Perdi a conta de quantas vezes assisti a esses rituais de degradação. Em qualquer capital do mundo, a cena se repete de maneira idêntica. O oligarca desembarca de seu jatinho particular, mal-humorado por ter de desperdiçar seu tempo com um chefe tribal ultrapassado, quando poderia empregá-lo mais proveitosamente em alguma busca pós-humana. Depois de recebê-lo com toda pompa em salões luxuosos, o governante passa boa parte da breve conversa privada implorando por um centro de pesquisa ou um laboratório de IA, e acaba se contentando com uma selfie apressada.

Como no caso de Montezuma, a docilidade não foi suficiente para garantir a sobrevivência de nossos governantes. Depois de fingirem respeitar sua autoridade enquanto estavam em posição de fraqueza, os conquistadores pouco a pouco impuseram seu próprio império. Hoje, a hora dos predadores chegou, e por toda parte as coisas caminham para um desfecho em que tudo será resolvido pelo fogo e pela espada.

Este pequeno livro é o relato desses fatos, narrado sob a ótica e à maneira de um escriba asteca – mais por imagens do que por conceitos –, com o intuito de capturar o último suspiro de um mundo, no instante em que este mergulha no abismo, e o domínio gélido de um outro mundo que sobre ele vem se instalar.

■ NOVA YORK,
setembro de 2024

QUATRO HOMENS VESTIDOS DE MARROM acompanham o presidente da Autoridade Palestina. Um deles é um pouco mais alto que os demais, outro é um pouco mais corpulento, mas todos têm os mesmos cabelos grisalhos, a pele enrugada, a expressão cansada de burocratas ou de antigos guerreiros transformados em burocratas. Eles se sentam e suas calças marrons sobem, revelando meias cinzas e curtas dentro de sapatos baratos. Enquanto Abbas entoa seu monólogo sobre a tragédia em curso, os homens de marrom permanecem completamente imóveis. Uma única expressão, de vago pesar, estampa os quatro rostos. Em determinado momento, seu líder estabelece um paralelo com as guerras de 1948 e 1967, que forçaram centenas de milhares de palestinos ao exílio. Quem sabe onde os quatro estavam à época. Eram recém-nascidos, provavelmente, depois adolescentes, arrastados não se sabe para onde pelos caprichos violentos da história. Suas expressões não mudam, estão cansados demais. Tampouco se alteram quando o presidente francês toma a palavra. Alguns talvez compreendam a língua. Os outros precisam esperar a tradução do intérprete. Mas nada parece ser capaz de romper a muralha de seu cansaço, ainda que a conversa entre os dois chefes de Estado se anime.

Até que uma palavra é pronunciada. Uma única palavra, inesperada no fluxo de todas as palavras convencionais, previamente catalogadas entre os milhões de termos que permeiam esse tipo de encontro. Diante dessa palavra, os homens de marrom despertam. Seus corpos abatidos se retesam em direção aos dois presidentes, seus olhos brilham de repente. Eles sacam pequenos cadernos, começam a tomar notas e trocam olhares furtivos, quase entusiasmados.

Ninguém encarna melhor do que Lula "essa mistura de homem de Estado e garoto" que Mérimée já observava em Palmerston. Ele se atrapalha, chama Macron de "Sarkozy", já viveu de tudo, o cotidiano de um operário, trinta anos de lutas, a prisão, dois mandatos como presidente do Brasil, o Bolsa Família, que tirou milhões de brasileiros da pobreza absoluta. Depois a queda, novamente a prisão, por um escândalo absurdo, e por fim a absolvição, a ressurreição e, aos 76 anos, uma nova eleição para a presidência. Nenhum outro líder mundial pode se vangloriar de um percurso como esse. Lula brinca, provoca, já viu de tudo, mas ainda é capaz de lampejos brilhantes, sabe fazer rir e sabe emocionar, entra em uma sala cheia de chefes de Estado e a conquista.

No final da reunião, ele menciona o Haiti e sua capital tomada por gangues, comprometendo-se a agir. O presidente francês lhe apresenta Dany Laferrière, que é haitiano, justamente. Lula se entusiasma, abraça Dany, dá-lhe um tapinha nas costas, como um irmão reencontrado depois de muito tempo. "E aqui está outro escritor", diz Macron. "Mas eu sou apenas italiano", murmuro, um tanto sem jeito. Lula ri e me consola com um abraço.

O guarda-costas do presidente iraniano se postou diante da porta da pequena sala onde seu chefe conversa com o presidente francês. O agente da equipe de segurança do Palácio do Eliseu se aproxima: "Senhor, não pode ficar parado aqui". O iraniano não reage. O francês insiste: "Senhor, vejo que está armado, isso é inaceitável. O senhor está em território francês". O iraniano o encara: "Meu presidente está lá dentro". "O meu também, garanto que ele não corre risco algum." O iraniano aceita se mover alguns centímetros. O agente do Serviço Secreto americano intervém: "O senhor não tem permissão para permanecer aqui". O iraniano não se move. "Além disso, vejo que está armado, isso é inaceitável. O senhor está em território americano." O francês fica desconcertado. O iraniano aproveita para retomar sua posição original diante da porta. "Senhor, não pode ficar parado aqui!" E a conversa recomeça do zero.

Como o Waterloo de Fabrice del Dongo, a Assembleia Geral das Nações Unidas não pode ser apreendida em sua totalidade. Há a perspectiva dos dirigentes, convencidos de serem o motor do mundo, na maioria das vezes reféns da necessidade, às vezes capazes de produzir acontecimentos, nem sempre para o bem. Há a dos conselheiros e assessores, que tecem suas redes e trocam olhares cúmplices, pois conhecem os bastidores, o antes e o depois, o que se passa no palco e o que escapa à vista. E há a dos guarda-costas, que se encaram desconfiados e sofrem, porque a própria ideia de perímetro de segurança se torna utópica naquele ambiente.

Agora, pegue esses três níveis – os líderes, os conselheiros e os guarda-costas – e multiplique-os por 193, o número de delegações nacionais presentes na Assembleia Geral. Cada uma com a inabalável convicção de ser o centro do mundo. Mesmo Tuvalu. Mesmo Timor-Leste. Você vai começar a entender por que a ONU não pode funcionar. Mas talvez também por que não podemos prescindir dela.

O que é terrível nesta vida é que todo mundo tem suas razões. A constatação de Jean Renoir se concretiza aqui na forma de uma instituição destinada a reunir todas essas razões. No entanto, não se trata de um processo teórico. A Assembleia Geral da ONU é, acima de tudo, uma questão de corpos.

Os corpos dos dirigentes, acostumados aos amplos espaços dos palácios onde eles normalmente residem, veem-se comprimidos nos corredores e nas salas claustrofóbicas do Palácio de Vidro (que não faz jus a seu nome). Os corpos dos conselheiros e assessores, em suas cadeiras apertadas, atentos ao fluxo de fórmulas rituais, à espreita da palavra que lhes permitirá avançar, contra tudo e todos. E os corpos dos guarda-costas – impedidos de fazer seu trabalho, que se irritam ou enfrentam tudo com serenidade, que correm para não ficar para trás – trombam uns com os outros.

O corpo dos poderosos é uma entidade abstrata. Mergulhado no luxo dos rituais que marcam sua vida – os esplendores dos palácios, as sirenes dos cortejos –, ele se torna um símbolo, a encarnação de uma entidade coletiva, a nação, o Estado. Mas, para que essa metamorfose ocorra, para que um simples corpo humano se torne a encarnação de milhões de outros, é preciso espaço: as "dimensões demasiado grandes para o pequeno número de hóspedes", o silêncio e o "luxo imóvel" que Flaubert atribuía às residências reais.

No Egito Antigo, os degraus que levavam aos pés do faraó eram propositalmente mais altos, para que cada um sentisse sua própria inferioridade. Em Berlim, a chancelaria projetada por Albert Speer para Hitler consistia, essencialmente, em um interminável corredor de 150 metros, que os visitantes eram obrigados a percorrer para alcançar o gabinete de paredes vermelho-sangue onde o *Führer* os aguardava.

Distância, inacessibilidade: quanto mais longe o indivíduo, mais o símbolo abstrato se sobrepõe ao corpo físico. Só que as salas da sede da ONU são estreitas demais, abarrotadas demais de poderosos: 87 chefes de Estado em 2024, além de 28 chefes de governo, sem contar os ministros, os embaixadores, os líderes de organizações internacionais, da União Europeia, da Otan. Consequentemente, a transfiguração não pode ocorrer, e o corpo físico persiste.

Uma vez por ano, a Assembleia Geral das Nações Unidas é o momento em que os homens de poder voltam a ser corpos.

E todos esses corpos estão em movimento. Eles correm pelos corredores para chegar às reuniões a tempo ou, ao menos, não muito atrasados. Eles se apertam nos elevadores, porque não entrar significa ficar para trás, sem nenhuma garantia de conseguir alcançar os outros depois. Eles abrem caminho entre microfones e câmeras para acessar a sala lotada onde algo talvez esteja acontecendo.

Algo que eles poderão contar a seus netos. Ou, mais provavelmente, algo que já terão esquecido na manhã seguinte.

Espera-se ou corre-se, não há meio-termo. Esse é o ritmo da Assembleia Geral, que, aliás, é o mesmo da política cotidiana. Um tédio mortal: como disse Woody Allen, 90% do sucesso consiste em comparecer. Estar presente. E, de tempos em tempos, dar o bote.

A sugestiva hipótese de Ortega y Gasset sobre a origem desportiva do Estado encontra aqui uma confirmação brilhante. O nível de testosterona é tão alto que confrontos físicos não são raros.

Ainda mais quando se trata, quase exclusivamente, de corpos masculinos. Menos de 10% dos discursos da Assembleia Geral são feitos por mulheres. O secretário-geral das Nações Unidas, António Guterres, mais uma vez lamentou essa realidade em seu pronunciamento, mas é pouco provável que a situação mude a curto prazo: a própria ONU jamais teve uma mulher à sua frente. Além disso, os homens que ali se reúnem não são homens como os outros. Se a política é de fato a continuação da guerra por outros meios, decorre disso que a atividade tende a atrair, em toda parte, os temperamentos mais agressivos, aqueles que só encontram sentido na luta.

Duas delegações, cada uma com seu líder, seus assessores, seu oficial de protocolo, seus seguranças, seu agente do serviço secreto, avançam por um corredor estreito. Cada uma se considera o centro do mundo, a caminho de um encontro vital e inadiável. Elas seguem em direções opostas, encontram-se. Cada uma quer que a outra se afaste, nenhum daqueles homens está acostumado a dar passagem, todos estão habituados a ruas bloqueadas para seus deslocamentos, passarelas de honra, cordões de isolamento que mantêm qualquer obstáculo à distância. Surpresa, vozes exaltadas, a tensão cresce, corpos se agarram, começam a se empurrar. De repente, os líderes se reconhecem. Um deles é Boric, o presidente chileno, um pequeno javali que exibe tamanha determinação que logo dá a impressão de que seria incapaz de abrir uma porta. Os dois presidentes se abraçam. O conflito é provisoriamente desarmado. Cada um retoma sua caminhada.

*

Há dez anos, quando acompanhei o presidente do Conselho da Itália em suas viagens pelo mundo, inventei com seu porta-voz, tão apaixonado por séries quanto eu, uma brincadeira tola. Na época, era possível distinguir três grandes tipos de séries políticas. O primeiro tipo, que poderíamos chamar de heroico, incluía produções como *The West Wing: nos bastidores do poder*, que retratavam a política como uma competição virtuosa entre pessoas geralmente competentes e bem-intencionadas. O segundo, mais sombrio, descrevia a política como uma selva hobbesiana onde ninguém é inocente e a única regra é a sobrevivência. Era o grupo de *House of Cards*, muito popular entre políticos, porque os retratava como personagens maquiavélicos, brilhantes e inescrupulosos, mergulhados em uma eletrizante vida de intrigas e golpes. Por outro lado, o terceiro grupo, de *sitcoms* como *The Thick of It* e *Veep*, do grande Armando Iannucci, mostrava a vida política pelo que ela realmente é: uma comédia de erros constante, em que personagens, quase sempre inadequados para seus cargos, tentam se virar, às voltas com situações sempre inesperadas, muitas vezes absurdas, às vezes ridículas.

Ao fim de cada dia de viagem, Filippo e eu fazíamos um balanço: qual a porcentagem de *West Wing*, *House of Cards* e *Veep*? O resultado geralmente ficava em torno de 10% *West Wing*, 20% *House of Cards* e o restante *Veep*. Isso nos fazia rir à época: uma maneira de aliviar a tensão e o cansaço que se acumulam nesse tipo de circunstância. Além disso, o primeiro-ministro australiano, Malcolm Turnbull, juntara-se involuntariamente à brincadeira ao adotar, para as eleições de 2016, o slogan "Continuidade com mudança", o mesmo lema da campanha presidencial do personagem principal da quarta temporada de *Veep*. "Escolhemos o slogan mais insignificante que conseguimos pensar", haviam explicado os criadores da série.

Desde então, é preciso dizer, os tempos se tornaram consideravelmente mais sombrios. O noticiário tem oferecido cada vez menos razões para rir. A agenda do presidente francês prevê um encontro com "Sua Excelência, Sr. Benjamin Netanyahu, primeiro-ministro de Israel", às 10h15 do dia 25 de setembro. No entanto, nas últimas 24 horas, em resposta ao lançamento incessante de mísseis sobre Israel, o exército israelense iniciou uma campanha de ataques em grande escala contra o sul do Líbano. Os mortos já se contam às centenas, e dezenas de milhares de pessoas foram obrigadas a abandonar suas casas e buscar refúgio ao norte. Com isso, a presença de Netanyahu em Nova York se torna incerta. É difícil que ele venha tomar a palavra na tribuna da ONU em meio a uma operação militar desse porte. A França, por sua vez, solicita a convocação urgente do Conselho de Segurança, na tentativa de tirar os Estados Unidos de seu prolongado torpor e levá-los a se juntar à França para exigir um cessar-fogo entre Israel e o Hezbollah.

Uma peça essencial desse quebra-cabeça é o Irã, inimigo implacável de Israel e grande patrocinador do Hezbollah libanês. Os batedores da presidência iraniana acabam justamente de chegar à pequena sala do gabinete da França para inspecionar o local. A última vez que os vi foi na Assembleia Geral de 2015, antes do encontro entre o primeiro-ministro italiano e o presidente iraniano. Naquele dia, eles haviam aparecido com dois ventiladores da marca Dyson, pouco antes da chegada de seu tranquilo e sorridente líder. O acordo nuclear era uma questão de semanas, e as relações entre a República Islâmica e o Ocidente pareciam estar melhorando.

Dessa vez, a atmosfera é outra. Nada de ventiladores. A equipe de reconhecimento inspeciona minuciosamente a pequena sala, à procura de sabe-se lá o quê. Um microfone? Uma bomba? Os dois? Chega a delegação propriamente dita: o novo presidente, recém-eleito depois da morte de seu antecessor em um acidente de helicóptero, o ministro das Relações Exteriores, dois assessores, ternos pretos, barbas lustrosas, rostos fechados.

Como de costume, o encontro se desenrola em três níveis. Na pequena sala, o presidente Pezeshkian recita a ladainha que repetirá também na tribuna da Assembleia: Vocês, ocidentais, nos atacam por ninharias, ficam revoltados sempre que um criminoso é preso em nosso país e, ao mesmo tempo, permitem o massacre de milhares de inocentes em Gaza e, agora, no Líbano... Vocês deveriam se rebelar, não apenas como líderes políticos, mas, acima de tudo, como seres humanos.

Enquanto isso, do lado de fora, os seguranças se dedicam ao balé descrito há pouco. No entanto, como frequentemente acontece nesses rituais engessados, a brecha se abre no nível intermediário, o dos assessores atentos à oportunidade que permitirá retomar o fio do diálogo. Ao fim da reunião, um dos iranianos se aproxima de Emmanuel Bonne, assessor diplomático do presidente francês. Ele se apresenta, inicia uma breve conversa. Eles trocam cartões de visita. "*Let me give you my mobile number.*" Bonne escreve seu número de celular à mão. Um fio, infinitamente frágil, materializara-se do nada. Quem sabe se não levará a alguma coisa?

Esse é o milagre da Assembleia Geral: ela é um dos poucos lugares onde pessoas que não costumam se falar podem se encontrar. Exceto quando essas pessoas não comparecem. A reunião bilateral com Netanyahu é oficialmente cancelada. Mas o presidente de Chipre diz que ele deve chegar durante a noite – parece que estão hospedados no mesmo hotel. "Os cipriotas costumam estar bem informados", comenta seu homólogo francês, meio irônico, meio otimista.

Outro espectro que ronda o Palácio de Vidro é o de Putin. O czar não está presente, mas seu ministro das Relações Exteriores, Lavrov, brada da tribuna da Assembleia Geral: "A esperança da Ucrânia de derrotar a Rússia no campo de batalha é insensata, visto que Moscou possui armas nucleares e que qualquer esforço da Otan para continuar ajudando Kiev se revelará uma empreitada suicida".

O representante permanente da França nas Nações Unidos me fala de seus encontros com Vladislav Surkov, o antigo estrategista de comunicação (*spin doctor*) de Putin que se considerava um artista, durante as primeiras negociações a respeito da Ucrânia. O personagem que ele descreve é frio, extremamente hábil, mais brutal do que eu imaginava. "Os outros russos tremiam quando ele entrava na sala. E ele nem fazia questão de disfarçar. Quando levantávamos a questão sobre a atitude dos separatistas, que o Kremlin alegava não controlar, ele respondia: 'Não se preocupem, eu cuido disso'." Em outra ocasião, Bonne também me descreveu sua impressão de Surkov: um negociador brutal, capaz de se tornar fisicamente ameaçador, como acontece com frequência em russos dessa estirpe, mas também brilhante, capaz de gestos surpreendentes. "Sem ele, restou apenas a brutalidade", disse-me o assessor, com um toque de pesar.

Três meses antes da invasão da Ucrânia, Surkov, que havia sido afastado por Putin algum tempo antes, publicou um artigo em que disse tudo. Toda sociedade, escreveu ele, está sujeita à lei física da entropia. Por mais estável que seja, na ausência de intervenção externa, acaba produzindo caos em seu interior. Até certo ponto, esse caos pode ser administrado, mas a única solução definitiva para o problema é exportá-lo. Para Surkov, os grandes impérios da história se regeneram deslocando o caos que produzem para além de suas fronteiras. Foi assim com os romanos na Antiguidade, foi assim – segundo ele – com os americanos no século XX. E é assim com a Rússia, para a qual "a expansão constante não é apenas uma ideia, mas a verdadeira razão existencial de nossa história".

Como todos os que desempenham a mesma função, Surkov não determina os acontecimentos, apenas lhes acrescenta uma camada de cinismo intelectual – *já que esses mistérios nos superam, façamos de conta que os organizamos –*, o que não diminui em nada o interesse de suas reflexões. Todos aqueles que, como ele, viajaram até o centro do reator e aceitaram dizer algo sobre o que viram, por mais manipuladores que sejam, compartilham uma qualidade, a pertinência, rara entre os que apenas observam a máquina de fora.

A primeira vítima da sinistra estratégia descrita por Surkov é a Ucrânia de hoje. O presidente francês tem um encontro a portas fechadas com Zelensky. Dessa vez, não há espaço para a trama dos assessores. O momento talvez seja o mais dramático desde o início da guerra. Os ucranianos estão à beira do colapso, o exército russo, que já sofreu centenas de milhares de baixas, segue avançando, indiferente ao custo humano, e as eleições americanas ameaçam implodir uma coalizão internacional cada vez mais instável.

Ignoro o que os dois dirigentes disseram um ao outro no bunker subterrâneo que abriga o gabinete da Ucrânia. O que sei é que nunca tinha visto uma cena como a que se produziu ao final da reunião. Depois de meia hora, Macron abre a porta, o rosto como uma máscara de cera. Ele faz menção de sair, o encontro acabou. Nesse momento, Zelensky surge de dentro da sala. Pequeno, musculoso, vestindo o uniforme militar que o mundo aprendeu a reconhecer, tem o semblante abatido, desamparado. Parece à beira das lágrimas. Ele segura Macron por trás e lhe sussurra algo ao ouvido. Uma súplica. O presidente francês se vira e responde. Os dois homens conversam por mais um minuto, muito tensos, muito próximos, sem que ninguém possa ouvir. Por fim, Macron muda de expressão. Ele não sorri, mas sua mandíbula relaxa. "É uma ideia", ele diz. E deixa Zelensky na soleira da porta.

Quando o caos ultrapassa certo limite, a única maneira de restaurar a ordem é encontrando um bode expiatório. E o líder, qualquer que seja, sempre é um candidato em potencial. Tolstói o compara a "um carneiro engordado para o matadouro". Engordado por seus triunfos, pela obediência de seus súditos, pelo poder e pela fortuna, apenas para ser, de repente, derrubado pela mesma força que o elevou. Desejo a Zelensky que escape desse destino. Mas as leis da política toleram pouquíssimas exceções.

Os romanos, grandes conhecedores da tragédia política, colocaram a Rocha Tarpeia ao lado do Capitólio. Os traidores condenados à morte eram atirados desse penhasco no vazio, a poucos metros do local onde haviam vivido suas horas de glória. Hoje, o princípio continua valendo, embora a tragédia costume assumir a forma de farsa: 10% *West Wing*, 20% *House of Cards*, 70% *Veep*.

*

Lembro-me de duas viagens aos Estados Unidos, separadas por um intervalo de quatro meses. Durante a primeira – em outubro de 2016 –, o presidente americano Barack Obama havia decidido receber seu amigo Matteo Renzi em sua última visita de Estado antes de deixar a Casa Branca. Guarda de honra no aeroporto, hinos nacionais, rodovia para Washington fechada ao tráfego. Passamos a noite na Casa Branca. Na manhã seguinte, o sol brilha sobre o imenso gramado impecável: o presidente americano e sua esposa aguardam o presidente do Conselho da Itália no alto da escadaria. Um soldado em uniforme de gala a cada degrau, toque de trombetas, dezenove salvas de canhão. Olho para Matteo e sua esposa com uma vaga sensação de irrealidade.

Quatro meses depois, estamos de volta ao mesmo aeroporto de Washington, desembarcando de um voo comercial. A alfândega é demorada. O viajante que me acompanha, Matteo Renzi, que já não é mais primeiro-ministro, parece suspeito ao agente do controle de fronteiras. Seus colegas do serviço de imigração haviam negado a ele o Esta, a isenção de visto à qual, a princípio, todos os portadores de passaportes europeus têm direito. "É verdade que fui ao Iraque e ao Irã quando era primeiro-ministro." Matteo sorri, a ironia nunca o abandonou.

*

Dito isso, em política, não é apenas a queda que é dolorosa: na verdade, sofre-se o tempo todo. É preciso ter nascido para a coisa. Como os peixes das profundezas abissais, acostumados a sobreviver sob a pressão de milhares de toneladas de água do mar.

Tomemos um homem de expressão um tanto hesitante, sentado à mesa na sala de jantar das delegações, no quarto andar do Palácio de Vidro, durante um almoço oferecido pela França em homenagem à comunidade do Pacto de Paris para os Povos e o Planeta. Ele é o novo primeiro-ministro britânico, Keir Starmer. Depois das extravagâncias de Boris Johnson e do curto mandato do primeiro chefe de governo britânico não branco da história, estamos diante de um advogado londrino, sexagenário, grisalho, educado, sorridente, que lembra uma frase sobre o rei Luís Filipe: *ele caminha pela rua, carregando um guarda-chuva…*

Não se pode dizer que ele tenha tido um começo fácil. Gafes, tumultos, cortes orçamentários e até um escândalo envolvendo seus óculos, que teriam sido um presente de um doador generoso. Resultado: dois meses depois de sua vitória eleitoral, o primeiro-ministro britânico está no fundo do poço das pesquisas. O fato é que, digam o que disserem os populistas, a política é uma profissão das mais difíceis. Uma atividade que expõe constantemente ao risco de ser ridicularizado e de passar por um imbecil, especialmente quando não se é.

Um dos predecessores de Starmer, Tony Blair, acaba de lançar um livro em que afirma que os líderes políticos costumam atravessar três fases. No início, ao assumir o poder, eles escutam, reconhecem que não sabem, tentam entender como desempenhar seu papel. Passado algum tempo, eles se convencem de que acumularam experiência suficiente, acreditam saber o bastante para pensar que entenderam tudo. Essa é a fase mais arriscada, da húbris: "Você não quer mais ouvir os outros", escreve Blair, "você é o chefe, quem pode saber mais do que você?". Poucos chegam à última fase, da maturidade, em que percebem que sua experiência não equivale à soma total do conhecimento político e voltam a escutar os outros. A maioria dos líderes, observa Blair, jamais chega a esse estágio.

O problema é que esse tipo de vida não permite processar o que acontece. O fluxo de estímulos externos é incessante, o cérebro mal tem tempo de reagir. Só quando a aventura chega ao fim o político tem a possibilidade de olhar para trás e extrair algum aprendizado daquilo que viveu. Isso se tiver essa capacidade, que se torna cada vez mais rara. E se não tiver explodido, como a maioria dos peixes abissais ao subir à superfície.

*

A grande sala da Assembleia Geral é a verdadeira obra-prima dos arquitetos que erigiram a sede da ONU. Reconhece-se o toque de Oscar Niemeyer, que confere ao espaço, apesar da grandiosidade, a elegância tropical de suas criações brasileiras. Nunca vi, em nenhum outro lugar, um salão tão vasto capaz de transmitir tamanha sensação de intimidade e conforto. E ainda há o sopro da história: o púlpito de mármore verde, o fundo dourado com o emblema das Nações Unidas, as paredes de madeira canelada – um cenário que todo mundo já viu milhares de vezes, em capas de jornais, reportagens de noticiários, filmes de espionagem.

Os discursos na tribuna da Assembleia Geral ocupam um lugar especial no panteão da arte oratória política mundial. A potência retórica de J. F. Kennedy: "Senhoras e senhores, a decisão está em nossas mãos. Nunca as nações do mundo tiveram tanto a perder, ou tanto a ganhar. Juntos, salvaremos nosso planeta, ou juntos pereceremos em suas chamas". Fidel Castro, um ano depois de tomar o poder em Cuba, discursa na Assembleia por quatro horas e meia. Nesse mesmo ano, Nikita Khrushchov tira o sapato e o bate na mesa durante o discurso do delegado filipino.

Yasser Arafat se dirige aos delegados em 1974: "Vim portando um ramo de oliveira em uma mão e o rifle de um combatente pela liberdade na outra. Não deixem que o ramo de oliveira caia da minha mão". Ronald Reagan se pergunta se a única maneira de unir a humanidade em torno de um objetivo comum não seria, por acaso, uma ameaça extraterrestre.

Todas essas lembranças tornam bastante desconcertante a descoberta que se faz ao entrar na sala: independentemente do momento, nunca há mais do que quinze pessoas ouvindo o orador na tribuna. O dobro, talvez, para os líderes mais proeminentes. Os demais estão ao telefone, trabalham no computador, conversam entre si, perguntam-se se devem comer sushi ou filé no jantar.

O que não significa que um discurso feito ali não tenha importância, pelo contrário. Mas o objetivo é outro. Não se trata de inflamar uma plateia, mas de enviar o sinal certo. Sempre seguindo o mesmo princípio: com as poucas palavras inesperadas que possam fazer toda a diferença.

Na tribuna da Assembleia Geral, o presidente francês menciona os riscos de palavras vazias e de diplomacias impotentes. Depois tenta dissipar o cenário que acaba de evocar pronunciando uma dessas frases de efeito. "Pedimos com veemência que Israel cesse a escalada no Líbano e que o Hezbollah interrompa os ataques contra Israel. Pedimos com veemência que todos aqueles que lhes fornecem os meios para isso parem de fazê-lo." *Todos aqueles que lhes fornecem os meios* para o aumento da ofensiva militar, de um lado e do outro. A bomba é lançada, mas seus destinatários – os Estados Unidos, em primeiro lugar – preferem, dessa vez, agir como se não tivessem notado.

É com Biden, aliás, que o presidente francês se encontra depois do discurso. O inquilino da Casa Branca só comparece ao Palácio de Vidro para discursar na Assembleia Geral. Ele tem seu próprio QG em um hotel a algumas ruas de distância, para onde devem se dirigir todos aqueles a quem concede audiência.

Chegamos ao saguão do Barclay, onde paira uma atmosfera de últimos dias antes da queda de Saigon. Militares, diplomatas, seguranças, empresários, espiões. Um bar, copos de uísque, algumas cervejas, Cocas Zero – afinal, ainda são três da tarde. No andar superior, protegido por duas barreiras de segurança adicionais, uma grande sala com colunas, tetos de gesso, papel de parede e carpete espesso, tudo o que os americanos apreciam. No meio da sala, como um catafalco, uma pesada tenda de veludo sob a qual o presidente conduz suas reuniões.

Há uma eletricidade no ar, as delegações entram e saem. Finalmente avistamos uma mulher, Ursula von der Leyen, pequena, impecável, irradiando uma energia impossível de distinguir da de seus colegas homens. Mas o centro permanece vazio. É uma sensação estranha. No coração da cena, há apenas um avô cansado, que se eterniza. Todos se perguntam o que virá depois, embora ele ainda esteja ali. Ele não quer atrapalhar, mas o que fazer se o mundo está pegando fogo? O último presidente atlântico, o último combatente da Guerra Fria, o último internacionalista – e, no entanto, o saldo de sua política externa não passa de um amontoado de escombros.

Contra todas as expectativas, a delegação francesa sai vitoriosa do Barclay. Os americanos aceitam apoiar a iniciativa de um cessar-fogo imediato no Líbano. Um breve frisson percorre a delegação. Talvez algo tenha começado a se mover. Nas horas seguintes, a União Europeia, a Alemanha, a Itália, o Japão, a Austrália, o Canadá, a Arábia Saudita, os Emirados Árabes Unidos e o Catar anunciam seu apoio à iniciativa franco-americana. Será possível que toda aquela agitação, todas aquelas reuniões, todas aquelas discussões e mesmo aqueles empurrões ainda tenham utilidade, que ainda sejam capazes de impactar a realidade? Murmura-se que Netanyahu está finalmente embarcando para Nova York. O primeiro-ministro israelense é esperado na tribuna da Assembleia Geral na sexta-feira. Espera-se que, na ocasião, anuncie um cessar-fogo temporário.

No final da noite, um sentimento de tranquila satisfação paira sobre os membros da delegação francesa. O presidente, o embaixador e os conselheiros se permitem um uísque. É preciso saborear os momentos *West Wing* nas raras ocasiões em que eles acontecem. O arquiteto do plano, Emmanuel Bonne, percorre as manchetes dos jornais on-line com uma euforia contida, recapitula os momentos desse dia interminável e zomba da simpatia excessiva do presidente americano com a conselheira para o Oriente Médio do Palácio do Eliseu.

Penso nas palavras de Alexandre Kojève, que no final dos anos 1940 deixara de ser o filósofo mais admirado de sua geração para se tornar um negociador internacional no Ministério da Economia. "Adoro esse trabalho", ele dizia. "Para o intelectual, o sucesso é sinônimo de êxito. Você escreve um livro, ele faz sucesso, e pronto. Aqui, é diferente. Existem êxitos. Eu já lhe falei do prazer que senti quando meu sistema aduaneiro foi aceito. É um tipo superior de jogo."

Hoje, no entanto, a partida se torna cada vez mais difícil. Os frequentadores de cassinos sabem que nem todos os jogos têm as mesmas chances de êxito. As máquinas caça-níqueis só redistribuem 60% do dinheiro que engolem, mas no *blackjack* um bom jogador pode chegar a 99% de êxito. Nos últimos anos, a taxa de sucesso de assessores, negociadores e outros *peacemakers* só tem diminuído, como se eles tivessem sido rebaixados do paraíso das mesas de veludo verde para os corredores piscantes das máquinas de caça-níqueis.

Na manhã seguinte, o despertar é brutal. Nenhum sinal de Netanyahu na ONU. Os bombardeios continuam sem interrupção. Em poucas horas, a situação se torna muito clara. O primeiro-ministro acaba discursando na Assembleia Geral na sexta-feira e, menos de uma hora depois, a aviação israelense arrasa o quarteirão ao sul de Beirute que abrigava o bunker do chefe do Hezbollah. Alguns espíritos maliciosos dirão mais tarde que Netanyahu usou sua ida à Assembleia Geral para induzir Nasrallah a baixar a guarda. No novo mundo, a ONU se tornou uma simples isca usada para golpear os inimigos quando menos esperam.

Com a ocupação da Crimeia em 2014, Putin quebrou o tabu – construído a duras penas depois da Segunda Guerra Mundial – que proibia um país de recorrer à força para expandir suas fronteiras. A invasão de 2022 amplificou a mensagem aos mais desatentos. A guerra voltou à moda. Os líderes que a invocam vencem eleições. Alguns logo partem para a ação. Nos últimos cinco anos, os gastos com armamentos aumentaram 34% no mundo.

Uma febre belicista percorre o planeta, e não afeta apenas os regimes autoritários. Os Estados Unidos passaram da era das árduas negociações entre diplomatas para a da diplomacia cinética das forças armadas. Nos últimos anos, a ilusão de que a supremacia tecnológica poderia substituir uma análise profunda das realidades locais transformou o uso das armas físicas e digitais em um dos principais motores da política externa, em vez de mantê-las como um instrumento imperfeito de último recurso. Nesse contexto, assessores diplomáticos de intenções sutis se tornaram uma espécie em extinção. Historicamente, os diplomatas de carreira representavam três quartos das nomeações de embaixadores americanos, enquanto o restante dos cargos era concedido a financiadores do presidente. A partir de 2017, porém, Donald Trump inverteu essa proporção, nomeando uma esmagadora maioria de apoiadores políticos. Seu retorno em 2025 provavelmente levará à extinção completa dos embaixadores de carreira.

Mesmo na Europa, a doce Europa, qualquer um que ouse defender um esforço diplomático está condenado ao ostracismo, relegado às masmorras da história, junto a líderes admirados até ontem, como Merkel e Prodi, agora acusados de ingenuidade ou, pior, de covardia diante da implacável dureza do mundo.

Enquanto isso, as ogivas nucleares, em declínio desde meados da década de 1980, voltaram a se multiplicar: a China vem construindo centenas de silos para mísseis nos desertos do Norte, os foguetes atômicos da Coreia do Norte ameaçam diretamente as cidades da Costa Oeste dos Estados Unidos, o Irã está mais próximo da bomba do que nunca e a ameaça nuclear russa paira sobre o desfecho da guerra na Ucrânia. O relógio do apocalipse, atualizado pelos herdeiros dos físicos do Projeto Manhattan, marca, desde 2023, noventa segundos para a meia-noite – o horário mais próximo do fim desde sua criação, em 1947.

FLORENÇA,
março de 2012

EM OUTRA VIDA, PARTICIPEI de uma missão científica que tinha como objetivo encontrar, por trás dos imensos afrescos de Vasari que cobrem as paredes do grande salão do Palazzo Vecchio, em Florença, vestígios de *A batalha de Anghiari*, de Leonardo da Vinci.

Nessa obra inacabada, da qual restam apenas os desenhos preparatórios, o mestre havia sido incumbido de representar, na parede oriental do Salão dos Quinhentos, um episódio glorioso em que a República Florentina derrotou o duque de Milão, que tentava tomar a cidade com o apoio das famílias aristocráticas florentinas exiladas.

Enquanto os engenheiros trabalhavam com suas máquinas em torno do afresco de Vasari, eu quase podia ver o barbudo solitário, empoleirado em um andaime não tão diferente dos nossos, dando início à sua obra, cercado por grandes tochas ardentes. Para esse trabalho, Leonardo optou por retomar a antiga técnica da encáustica, aplicando cores quentes diretamente sobre a parede e fixando-as com curiosos instrumentos metálicos.

Longe de ser uma celebração, sua intenção era mostrar a guerra em toda a sua brutalidade. Alguns anos antes, ele havia testemunhado a expedição militar de Carlos VIII, que reintroduzira na Itália uma ferocidade havia séculos esquecida.

Os Estados italianos tinham abandonado a cultura marcial havia tempos, confiando a resolução de seus conflitos a exércitos mercenários estrangeiros, mas os franceses, endurecidos pela Guerra dos Cem Anos contra a Inglaterra, tinham formado um exército nacional poderoso e implacável. Ao contrário dos exércitos italianos, que costumavam poupar as populações civis e evitar danos materiais excessivos aos territórios que mais tarde governariam, os franceses já praticavam a guerra total. Assim, ao tomar uma vila ou uma fortaleza, passavam a população inteira no fio da espada. Guicciardini narra com horror a tomada de Monte San Giovanni, seguida do extermínio de seus habitantes e do incêndio do vilarejo.

A guerra, acima de tudo, é pulsão, caos, destruição. Por isso Leonardo escolheu representar o combate como uma escaramuça selvagem de homens sem fé nem lei, evocando mais uma matilha de feras famintas do que um nobre confronto entre exércitos nacionais. "Mostre primeiro a fumaça da artilharia no ar misturada à poeira levantada pelo movimento dos cavalos e dos combatentes." O próprio mestre antecipou a atmosfera da batalha que pretendia retratar: "Flechas subirão em todas as direções, descerão, cruzarão o ar em linhas retas, preenchendo o céu, e as balas dos mosquetes deixarão atrás de si um rastro de fumaça".

Treze anos atrás, apesar de todos os nossos esforços, não conseguimos encontrar vestígios do afresco nas paredes do Palazzo Vecchio. Hoje, porém, é como se a fúria guerreira evocada por Leonardo emergisse a cada nova notícia, e a fumaça da artilharia da batalha de Anghiari se misturasse ao ar que respiramos todos os dias.

Na Líbia, no Oriente Médio, na Ucrânia: as fronteiras do continente que baseou sua reconstrução na paz se tornaram um campo de batalha. E a cada dia a guerra avança um pouco mais para dentro das fronteiras da Europa. Nos últimos meses, agentes russos se tornaram suspeitos de assassinar um desertor na Espanha, incendiar shoppings e armazéns em diversos países, plantar explosivos em aviões de transporte e tentar matar o CEO de um dos maiores conglomerados de armamento da Alemanha. Sem falar das operações de desinformação em larga escala, que cada vez mais se transformam em verdadeiros ataques cibernéticos. A mídia nem sempre tem acesso a todos os fatos, mas é inegável que os locais de votação da maioria dos países europeus são alvos sistemáticos de ataques cibernéticos durante eleições locais ou nacionais.

Essa explosão de violência segue uma lógica conhecida há muito pelos historiadores militares. Há momentos na história em que as técnicas defensivas evoluem mais rapidamente do que as ofensivas. Nesses períodos, as guerras se tornam mais raras, porque o custo de atacar é maior do que o de se defender. Em outros momentos, as tecnologias ofensivas é que avançam com maior rapidez. São épocas sangrentas, em que os conflitos se multiplicam, já que atacar se torna muito mais barato do que se defender. Na época de Leonardo da Vinci, a disseminação da artilharia por toda a Europa marcou a transição de um período relativamente pacífico, em que as fortificações eram capazes de repelir a maioria dos ataques, para uma era de muitos conflitos, em que os canhões de balas de ferro fundido deram vantagem aos agressores. Até que, em resposta às múltiplas invasões francesas na península, os arquitetos italianos desenvolveram um novo sistema de construção de fortalezas à prova de ataques de artilharia: o traçado à italiana.[1] A defesa voltou a ter a vantagem – restabelecendo certo equilíbrio entre tecnologias ofensivas e defensivas –, e a paz foi mais ou menos restaurada. Mais tarde, o desenvolvimento da artilharia móvel e de canhões capazes de abrir brechas até nas fortalezas mais robustas voltaria a favorecer os agressores. Novas guerras e novas violências se seguiriam, num ciclo ininterrupto até os dias de hoje.

No pós-Segunda Guerra Mundial e durante toda a Guerra Fria, a estratégia de dissuasão nuclear tornou proibitivo qualquer ataque de grande escala. Mas as mudanças no cenário geopolítico e os avanços tecnológicos puseram fim a essa fase de relativa calmaria: o atentado contra as Torres Gêmeas, que reativou o curso da história quando se acreditava que ela havia chegado ao fim, custou menos de 1 milhão de dólares. Hoje, um porta-aviões que custou 10 bilhões de dólares ao governo americano pode ser afundado por dois ou três mísseis hipersônicos chineses de 15 milhões cada. Por outro lado, para derrubar um drone

---

[1] Essa acepção de "traçado", oriunda da engenharia militar, refere-se a planta ou desenho que representa uma frente fortificada, uma praça de guerra ou um sistema defensivo. O traçado italiano é caracterizado por formas geométricas, como bastiões e cortinas, projetadas para resistir aos ataques de artilharia. [N.E.]

de 200 dólares lançado do sul do Líbano, Israel precisa disparar um míssil Patriot de 3 milhões. Sem falar de um ataque cibernético, de custo praticamente nulo, capaz de paralisar um país inteiro.

Nos dias de hoje, atacar custa menos do que se defender. Muito menos. E o preço continua caindo. Alguns dizem que, no futuro, um único indivíduo poderá declarar guerra ao mundo inteiro, e vencê-la. Quando se sabe que um sintetizador de DNA capaz de criar novos patógenos mortais custa cerca de 20 mil dólares – o preço de um carro usado –, essa possibilidade não parece tão distante.

Segundo a própria empresa que o desenvolve, o modelo mais recente do ChatGPT, lançado no último trimestre de 2024, aumentou significativamente o risco de que a inteligência artificial seja usada para criar armas químicas, biológicas, radiológicas e nucleares. Esse risco está atualmente classificado no nível mais alto da escala estabelecida pela empresa, mas isso não impediu a OpenAI de colocar o produto no mercado, sem que qualquer autoridade regulatória tivesse objeções.

Na época de Leonardo da Vinci, quase todas as antigas instituições, os pequenos Estados e as repúblicas que povoavam a península italiana sucumbiram diante da violência desenfreada. Poucos anos depois da tentativa do mestre de representar a batalha de Anghiari na parede do Salão dos Quinhentos, a República Florentina deixou de existir. Nos séculos seguintes, a península foi reduzida a um campo de batalha de potências estrangeiras. Os italianos precisaram esperar até a segunda metade do século XIX para recuperar sua independência.

Hoje, nossas democracias ainda parecem sólidas. Mas ninguém deveria duvidar de que o pior está por vir. O novo presidente americano assumiu a liderança de um cortejo heterogêneo de autocratas sem escrúpulos, conquistadores da tecnologia, reacionários e conspiracionistas ávidos por confronto. Uma era de violência sem limites se abre diante de nós, e, como nos tempos de Leonardo, os defensores da liberdade parecem notavelmente mal preparados para a tarefa que os aguarda.

■ RIADE,
novembro de 2024

"O PRÍNCIPE HERDEIRO É UM HOMEM de grande doçura", diz-me um de seus amigos, enquanto passamos pelo detector de metais do Ritz-Carlton de Riade. E quem poderia duvidar, ao observar aquele homem tão afável recebendo uma dúzia de CEOs de grandes empresas em uma pequena sala decorada com mármores e *pietras duras* que parece saída de um conto oriental? Ele não para de sorrir, e seu sorriso tem uma doçura desarmante, quase infantil – o mesmo sorriso que podemos ver nas poucas imagens do príncipe em sua juventude, quando Mohammad Bin Salman ainda era apenas um entre centenas de príncipes sauditas e precisava conquistar a simpatia das pessoas para ser notado. Ele tem a estatura de um gigante, mas de um gigante bondoso, de formas arredondadas feitas para envolver as pessoas em um abraço, do tipo que os americanos chamam de *bear hug*, o abraço de urso. A seu redor, os membros de sua guarda pessoal estão nervosos. Eles são a última linha de defesa depois dos detectores de bombas na entrada, da dupla fileira de guerreiros em *dishdashas* brancas com seus sabres desembainhados no corredor e da antessala repleta de guardiões modernos em uniformes verdes. MBS, por sua vez, emana afabilidade. Estar em sua presença é como chegar a um oásis de serenidade. Os convidados fazem fila para ser apresentados. Para cada um, MBS tem um sorriso e uma palavra de incentivo. Na pequena sala, que lembra uma capela, de tão ornamentada com folhas de ouro, madrepérolas e marchetarias, tem-se a impressão de assistir a uma primeira comunhão. Ou melhor, a um batismo. Com a ascensão de MBS, o culto ao futuro se tornou a principal religião da Arábia Saudita. A nova Riade se estende por 170 quilômetros de comprimento por 200 metros de largura, foi projetada para abrigar 9 milhões de habitantes sem gerar qualquer emissão de CO_2, a estação de inverno que sediará os Jogos Asiáticos, em 2029, o porto flutuante octogonal com uma área 33 vezes maior que a de Nova York, a Exposição Universal de Riade, seu novo aeroporto e sua nova companhia aérea, os projetos faraônicos com hidrogênio, robôs e, claro, inteligência artificial. Tudo acontece aqui, sob o impulso desse príncipe tão doce.

No entanto, um detalhe me incomoda. Aquele lugar. O Ritz-Carlton é, de longe, o hotel mais luxuoso da capital saudita. É nele que se hospedam chefes de Estado em visita, magnatas da tecnologia, celebridades em turnê. É nele que, todos os anos, acontece a "Davos do deserto", evento organizado pelo príncipe herdeiro desde 2017. No entanto, os empresários que haviam reservado um quarto para o dia 4 de novembro daquele mesmo ano tiveram uma desagradável surpresa. Da noite para o dia, suas reservas foram canceladas. Pior ainda, as pessoas hospedadas foram convidadas a se retirar, e um aviso anunciando o fechamento do hotel por tempo indeterminado foi divulgado no site do palácio. O que não significava que o hotel ficaria vazio. Apenas que MBS havia decidido organizar uma recepção de um tipo um pouco diferente.

Na época, MBS ainda não era exatamente o príncipe de gestos doces que ele se tornaria mais tarde. Nomeado herdeiro do trono quatro meses antes, aos 31 anos, cercado de tios e primos invejosos – muitos deles com recursos ilimitados, controle sobre setores inteiros do Estado, ministérios e forças policiais –, sua posição ainda parecia frágil. As más línguas sussurravam que a renúncia do antigo príncipe herdeiro não teria sido tão espontânea quanto se dizia e que uma longa noite de cativeiro no palácio real, na companhia dos homens de confiança de MBS, teria pesado em sua decisão.

No início de novembro, 350 dos homens mais ricos e poderosos do reino receberam um convite irrecusável. As convocações eram personalizadas. Algumas vinham do velho rei Salman, então com 81 anos e saúde bastante debilitada; outras, diretamente de seu filho Mohammad. Algumas eram vagas quanto ao motivo do chamado; outras, mais precisas: o príncipe Miteb, por exemplo, comandante da Guarda Nacional com seus 120 mil homens, foi informado de que um míssil iemenita havia caído nos arredores de Riade; a outros, acenava-se com lucrativas oportunidades de negócios. O tom era categórico: os destinatários eram convidados a se apresentar imediatamente no palácio real.

Chegando ao local, surpresa! Depois de os separarem de suas escoltas, os guardas reais recolheram seus celulares, suas carteiras e seus documentos de identidade. Em seguida, conduziram-nos ao Ritz-Carlton, onde informaram que eles seriam hóspedes do príncipe herdeiro por tempo indeterminado. Na manhã seguinte, ao acordarem, cada um dos trezentos príncipes, governadores e bilionários recebeu, de funcionários extremamente corteses, um kit contendo doze camisetas brancas, doze cuecas brancas, doze pares de meias brancas, três *djellabas* e três pijamas. A estadia prometia ser longa.

Em uma suíte do Ritz-Carlton com móveis no estilo Império, paredes adamascadas e lustres de cristal, tento imaginar a expressão dos príncipes, ministros e bilionários de sangue real ao receber aqueles doze conjuntos de roupa branca. Os mais atentos devem ter percebido, naquele instante, que estavam entrando em uma nova realidade. Alguns provavelmente receberam a mudança com certo alívio – há quem encontre um tipo de conforto ao ser dispensado de suas responsabilidades, ao passar da liberdade para a submissão. Para outros, porém, o choque foi maior. O príncipe Al-Walid, por exemplo, cultivava uma certa *art de vivre*. Estava sempre viajando em um de seus três aviões, alternando estadias entre o Savoy, de Londres, e a rede Four Seasons, da qual era o principal acionista. Figurava entre as cinquenta maiores fortunas do mundo segundo a *Forbes*. Quando estava em Riade, costumava receber visitantes na cobertura do 99º andar da Kingdom Center Tower, edifício de sua propriedade, sentado em um trono e cercado de modelos vestidas com lingeries desenhadas por ele pessoalmente. O príncipe Salman, por sua vez, tinha gostos mais refinados. Educado em Oxford e na Sorbonne, percorria o mundo em busca de obras de arte, que distribuía entre suas mansões do sul da França e seus seis megaiates construídos pelos estaleiros Lürssen, de Bremen.

Para todos eles, príncipes, membros do governo e bilionários – qualidades frequentemente acumuladas pelas mesmas pessoas –, os interrogatórios começaram logo depois da distribuição das roupas de troca. E foi então que a situação se tornou um pouco menos asséptica. Em sua infinita benevolência, MBS havia decidido contar com os mercenários da Blackwater para auxiliar sua guarda pessoal nas interações com os cativos. Durante três meses, os salões do Ritz-Carlton, acostumados ao tilintar de *bellinis* sem álcool, ecoaram as súplicas, os gemidos e os gritos abafados de príncipes e bilionários submetidos às técnicas de interrogatório de veteranos da guerra no Iraque. Um a um, todos foram confrontados com provas, mais ou menos consistentes, dos atos de corrupção de que eram acusados, e todos foram incentivados, de bom ou mau grado, a aceitar as condições de MBS para regularizar sua situação.

É claro que nada disso impede que o príncipe herdeiro seja um homem de grande doçura. Mas ele também parece um personagem saído diretamente das páginas de Maquiavel.

Na noite de 31 de dezembro de 1502, o secretário florentino se encontrava na Costa Adriática, em Senigália, para onde fora enviado como embaixador junto a César Bórgia, ou Il Valentino, que acabara de reconquistar seu ducado depois de enfrentar uma conspiração dos antigos aliados Vitellozzo Vitelli, Oliverotto de Fermo e os irmãos Orsini.

Naquela noite, a concórdia reinava. Após intensas negociações, a paz firmada entre as diferentes partes permitira ao duque recuperar a posse de suas terras.

Para selar a nova união, Bórgia, Vitelli e os demais decidiram tomar a fortaleza de Senigália para celebrar o Ano Novo com um banquete suntuoso. Il Valentino foi o primeiro a chegar, mas, por cortesia, decidiu esperar pelos outros para fazer uma entrada triunfal na cidade. Quando eles chegaram, Bórgia se aproximou e beijou, como se fossem irmãos, cada um dos homens que, três meses antes, haviam desejado sua morte. Faltava apenas Oliverotto, mas Il Valentino enviou um mensageiro para convidá-lo a se juntar a eles. Seria uma pena ele perder aquele momento. Bórgia queria que todos entrassem juntos na cidade, com grande pompa, para celebrar a reconciliação. Foi o que fizeram, precedidos pela cavalaria pesada e pela guarda suíça. Um banquete suntuoso os aguardava no palácio da senhoria. Em certo momento da noite, os *condottiere*, exaustos pelas festividades, pediram licença para se retirar e descansar. Bórgia os convidou a acompanhá-lo a uma sala reservada, onde poderiam discutir as estratégias futuras: a tomada de Senigália era apenas o começo! Pouco depois, porém, Il Valentino se retirou com uma desculpa. Assim que ele saiu, uma horda de homens armados invadiu o aposento e prendeu os convidados. Depois, as tropas de Bórgia desarmaram a comitiva de Oliverotto e submeteram a população a um saque terrível. Testemunha dos acontecimentos, Maquiavel escreveu naquela noite que, a seu ver, nenhum dos prisioneiros veria o dia seguinte. Na manhã seguinte, ele estava apenas parcialmente certo: Oliverotto e Vitelli haviam de fato sido estrangulados durante a noite, mas os irmãos Orsini ainda estavam vivos. Por serem príncipes, só seriam executados quinze dias depois.

O caso do Ritz-Carlton teve um desfecho um pouco menos sangrento, embora um dos detidos tenha morrido durante uma sessão um pouco mais intensa. Os demais saíram com menos danos. O chefe da Guarda Nacional foi demitido e forçado a assinar um cheque de 1 bilhão de dólares para recuperar sua liberdade. O príncipe Al-Walid teria sido despojado de 6 bilhões após ser submetido à tortura do *waterboarding*. Agora ele usa uma tornozeleira eletrônica e está proibido de sair do reino. Ainda assim, sua situação é melhor do que a de outros, como o príncipe real Turki Bin Abdullah, antigo governador de Riade, que segue mofando na prisão.

No total, a festa do Ritz-Carlton permitiu ao Estado saudita recuperar mais de 100 bilhões de dólares para financiar os projetos faraônicos do jovem príncipe. O principal efeito da operação foi cortar as cabeças que ameaçavam o domínio de MBS. Para uma elite de príncipes habituados às intrigas palacianas e à coexistência mais ou menos pacífica entre os poderosos, sem grandes alardes, que mantinha a fachada do poder impenetrável e unida, a surpresa não poderia ter sido maior. O medo começou a se infiltrar no coração daqueles homens, entre os mais privilegiados do planeta, que desde então dormem atormentados pela lembrança de suas suítes transformadas em câmaras de tortura.

"Os homens devem ser afagados ou exterminados; pois, se eles podem vingar-se das pequenas ofensas, das graves não podem; de modo que a ofensa que se faz ao homem deve ser suficiente para neutralizar qualquer possibilidade de vingança." Dez anos depois da noite de Senigália, Maquiavel fez de César Bórgia o modelo de *O príncipe*: não o soberano ideal, mas a fera de poder real, metade raposa e metade leão, que sabe usar a astúcia para bajular os homens e a força para subjugá-los.

Cinco séculos depois, MBS é sua reencarnação. Como Il Valentino, que nutria o grande projeto de unificar a Itália sob seu patrocínio, MBS cultiva a visão estratégica de transformar a Arábia Saudita em um Estado-nação poderoso, moderno, livre da influência do fundamentalismo religioso, com o poder concentrado em suas mãos. No entanto, assim como a do Il Valentino, a construção do príncipe saudita permanece frágil, sujeita às reviravoltas do destino.

Na capela do Ritz-Carlton, tenho a impressão de vislumbrar, a cada tanto, uma centelha de ironia nos olhos do príncipe. Como se as exigências do protocolo mascarassem uma realidade paralela, que só se revela em fragmentos, nos olhares furtivos que MBS troca secretamente com os membros do círculo mais próximo, seus amigos – seu irmão Khaled, ministro da Defesa, o príncipe Badr, ministro da Cultura, Fahad al-Toonsi, responsável pelo gabinete que gerencia os megaprojetos do príncipe. Esses homens são todos jovens, a maioria tem menos de 40 anos e está à frente de um domínio fantástico, embora à primeira vista nada indicasse que chegariam tão longe. Com um golpe de sabre, MBS derrubou a gerontocracia que governou a Arábia Saudita por décadas e colocou seus homens no trono a seu lado. É fácil imaginar a euforia que deve ter tomado conta desses aliados, e de muitos outros, que não vemos – como Saud al-Qahtani, o gênio maligno à frente de um exército de trolls, e Turki al-Sheikh, o ex-guarda-costas promovido a grande vizir da corte –, no momento em que as portas do Palácio Al Yamamah se fecharam e o último oficial grisalho deixou o local. Há algo de clube privado nisso tudo – um pequeno grupo à solta em uma mansão deixada pelos pais, a atmosfera que Nimier atribuía à Regência: o momento dos hambúrgueres de wagyu, dos torneios de *Call of Duty* e das garotas trazidas de Londres e Dubai, o clima de assalto bem-sucedido, a vertigem de quem apostou alto e quebrou a banca.

Pensando bem, não há nada de estranho no fato de MBS ser a reencarnação de César Bórgia cinco séculos depois, já que o momento que vivemos também é, de certa forma, maquiavélico. Na época de Leonardo da Vinci, o secretário florentino anuncia o fim das ilusões. O mundo sofisticado dos humanistas, seus princípios e suas regras, as intermináveis querelas de facções que envenenam a vida política de sua pátria já não têm razão de ser diante da potência de fogo dos invasores estrangeiros. O poder legítimo, as normas de seu exercício e de sua transmissão deixam indiferente o autor de *O príncipe*, porque já não pertencem à realidade que o cerca. O florentino está interessado em entender como o poder se afirma no meio do caos, quando todos lutam contra todos e a força se torna a única regra do jogo. Herdar um principado é fácil. Muito mais difícil é conquistá-lo – e sobretudo mantê-lo – de maneira ilegítima.

O príncipe é o manual do usurpador, do aventureiro que parte à conquista do Estado. As lições que os Bórgia de todos os tempos podem tirar do texto são muito variadas, mas uma se destaca de todas as outras: a primeira lei do comportamento estratégico é a ação. Em tempos de incerteza, quando a legitimidade do poder é precária e pode ser questionada a todo momento, aquele que não age pode ter certeza de que as mudanças acontecerão a seu desfavor.

Se Tolstói demonstra que a condição do poderoso é sempre a limitação – a realização de sua vontade depende de tantas outras vontades que se torna praticamente impossível, de modo que o último dos soldados é mais livre que Napoleão –, a ação resoluta do príncipe constitui o antídoto para esse mal.

Os *habitués* do Kremlin chamam isso de "controle manual". Quando o sistema, com seus procedimentos e suas hierarquias, não produz o resultado desejado, sempre resta a possibilidade de intervir diretamente, transgredindo as regras formais, para restabelecer a justiça substancial. O resultado é uma espécie de milagre, no sentido literal da palavra, pois um milagre nada mais é do que a intervenção direta de Deus na Terra.

Mas, para que o milagre do poder aconteça, não basta uma ação resoluta. É preciso que ela também seja intempestiva, pois qual seria o valor de uma ação que simplesmente respondesse à necessidade? Ela não seria mais do que a ação de um tecnocrata, de um daqueles funcionários insípidos e cruéis que agem em nome das restrições superiores que eles afirmam ser os únicos a dominar. A essência do poder reside justamente no contrário. Goethe conta a história de um velho duque da Saxônia, excêntrico e inflexível, que era exortado a refletir e a ponderar antes de tomar uma decisão importante. "Não quero nem refletir nem ponderar", ele teria respondido, "senão por que eu seria duque da Saxônia?"

O apogeu do poder coincide menos com a ação do que com a ação intempestiva, a única capaz de produzir o efeito de estupefação sobre o qual se baseia o poder do príncipe. A última coisa que o primeiro-ministro libanês Saad Hariri esperava, quando aterrissou em Riade, no outono de 2017, era ser preso e forçado a renunciar ao cargo. A última coisa que o cronista do *Washington Post* Jamal Khashoggi esperava quando entrou no consulado saudita em Istambul para renovar seu passaporte era ser literalmente feito em pedaços com uma serra, na adega do próprio consulado. A última coisa que o presidente da Amazon, Jeff Bezos, esperava quando recebeu um SMS amigável do príncipe herdeiro saudita era se ver hackeado por um software espião israelense que arrancaria os detalhes mais constrangedores de sua vida privada para depois torná-los públicos. No entanto, todas essas surpresas – e muitas outras – ocorreram por iniciativa de MBS, o príncipe herdeiro de doçura infinita e humor negro de um Bórgia.

■ NOVA YORK,
setembro de 2024

A TRIBUNA DE MÁRMORE da Assembleia Geral já viu de tudo em matéria de adereços. Os trajes multicoloridos dos presidentes africanos, as toucas elaboradas dos monarcas asiáticos e as geometrias arcanas dos uniformes militares refletem a variedade de costumes do planeta e não arrancam mais que um olhar indiferente do público *blasé* da sala. O máximo que se viu, alguns anos atrás, diante da elegância principesca do corruptíssimo presidente afegão, com suas capas de seda esvoaçantes e seus gorros de astracã, foi um leve murmúrio de aprovação entre os raros estetas presentes.

O que acontece com menos frequência é um chefe de Estado se apresentar com um traje de sua própria autoria, feito para ele pela estilista da Miss Universo. Como Nayib Bukele, o jovem presidente de El Salvador, que aparece vestindo uma túnica índigo com gola e punhos bordados com motivos florais dourados, que o deixa com uma aparência a meio caminho entre Simón Bolívar e um personagem de *Star Wars*. O figurino foi lançado por ele pouco antes do verão, durante sua segunda posse, na presença do rei da Espanha e do filho mais velho de Donald Trump. Para a ocasião, a imponente guarda de honra dos cadetes da Escola Militar de San Salvador também foi repaginada pela estilista da Miss Universo, que vestiu cada um de seus membros com uma longa capa pitoresca, ainda que talvez não totalmente adequada às temperaturas tropicais de um sábado de junho.

Bukele está sozinho na tribuna da ONU, mas a túnica marcial, combinada a uma postura muito ereta, cumpre seu papel, conferindo ao presidente ares de herói contemporâneo. "O ditador mais legal do mundo", como ele mesmo se definiu em resposta a um tweet de Kamala Harris, que expressava preocupação com os métodos sumários com que ele enfrentava a criminalidade em seu país. Ou ainda "o rei filósofo", como diz sua bio no X. Ou o "caudilho *millennial*", como o chama parte da imprensa estrangeira. Quando Bukele foi eleito pela primeira vez, aos 37 anos, El Salvador era o país mais violento do mundo, com uma taxa de homicídios três vezes superior à do Haiti, considerado um Estado falido. A resposta de Bukele foi radical: substituir o Código Penal por um manual de tatuagens ilustrado.

Em El Salvador, como no Japão ou na Rússia, os membros das gangues, os *pandilleros*, são identificados pelas marcas que inscrevem na pele: um sol asteca, um AK-47, o rosto de um louco rindo, supostamente representando a *vida loca* de um gângster. Há dois anos, após um novo massacre, Bukele decretou estado de emergência e ordenou que o exército prendesse todas as pessoas tatuadas.

Resultado: 80 mil presos, a maioria criminosos, mas também fãs de rock que um dia tiveram a infeliz ideia de se tatuar. Em seguida, visto que o caudilho é publicitário de formação, foram divulgados vídeos impactantes dos gângsteres (e dos roqueiros...) de cueca, cabeça raspada e tatuagens à mostra sob os holofotes, forçados a se ajoelhar aos milhares nos corredores da nova prisão de segurança máxima de Tecoluca ou a correr em filas cerradas ao ritmo dos apitos dos guardas. Algo entre pornô gay e *Jogos vorazes*, os vídeos viralizaram nas redes sociais e transformaram Bukele no chefe de Estado mais seguido no TikTok.

A Anistia Internacional e outras ONGs condenaram a medida, é claro, mas o fato é que a taxa de homicídios foi reduzida em dez vezes, tornando El Salvador o país mais seguro de todo o hemisfério ocidental, à frente do Canadá.

É por isso que Bukele hoje discursa na tribuna da Assembleia Geral: "Alguns dizem que prendemos milhares de pessoas, mas a verdade é que libertamos milhões, agora são os bons que vivem sem medo". Ao ouvir essa frase, vejo o *plume*[2] do Eliseu, Baptiste Rossi, endireitar-se em seu assento. Nem todos estão distraídos no grande salão da ONU. A irmandade mundial dos *speechwriters* está sempre atenta à fórmula que funciona, e, independentemente das divergências políticas, o talento ainda é reconhecido. Sob esse ponto de vista puramente técnico, Bukele é um dos melhores oradores da atualidade.

El milagro Bukele, como o chamam na América Latina, é mais um milagre de nossa época. Como MBS, o presidente de El Salvador é adepto da ação "borgiana": a conjunção de uma iniciativa audaciosa com meios drásticos para produzir

---

[2] Termo francês que significa literalmente "pena" ou "pluma", mas que, no contexto político, designa o redator de discursos de uma autoridade, especialmente de figuras como o presidente da República. [N.E.]

uma "divina surpresa". Ao contrário do príncipe saudita, no entanto, Bukele não atua em um sistema autocrático, mas em uma democracia, cujos limites ele desafia.

Em 2020, quando o Parlamento ameaçou rejeitar seu plano de segurança, o caudilho se apresentou à Câmara escoltado pelo exército e, dirigindo-se aos seus apoiadores massivamente reunidos do lado de fora, anunciou que, em caso de rejeição do plano, ele não se interporia entre a casta corrompida dos deputados e a sagrada ira do povo. Em seguida, afastou todos os juízes com mais de 60 anos, substituiu-os por seus próprios aliados e, com uma nova interpretação da Constituição, recandidatou-se à presidência, algo que a princípio não seria possível.

As eleições acabaram ocorrendo em fevereiro de 2024, em condições democráticas, na presença de mais de 3 mil observadores internacionais que certificaram a absoluta regularidade do processo. O caudilho *millennial* foi reeleito com 84% dos votos, e seu partido, Nuevas Ideas, que não existia seis anos antes, conquistou 54 dos 60 assentos do Parlamento. "Não somos um regime de partido único", comenta Bukele, "somos uma democracia com um partido hegemônico. Em todas as democracias, o objetivo dos governantes é vencer o máximo possível. Vocês querem que, durante as eleições na França ou nos Estados Unidos, o presidente diga 'vamos tentar não ultrapassar os 55% para preservar o equilíbrio dos poderes'? Claro que não, o objetivo de todos os governantes é obter o maior número possível de votos. Eles fracassam, mas o fracasso deles não será o meu roteiro. O que eu devo fazer? Anunciar que, já que todos os outros presidentes fracassam, já que todos são impopulares, eu também darei metade dos assentos à oposição, para ficar em igualdade com todos os outros?"

■ WASHINGTON,
novembro de 2024

"*HA HA HA, I'M BACK!*" Donald Trump fez várias ligações para chefes de Estado estrangeiros, saudando-os com uma gargalhada estrondosa e esse anúncio ameaçador. Alguns interlocutores devem ter ficado um pouco desconcertados, mas não Bukele. O retorno de Donald é a confirmação de que ele estava certo. E de que aqueles que pensavam que o trumpismo era apenas um parêntese, um acidente da história, estavam errados.

No dia seguinte à eleição de Trump, Bukele proclamava no X: "Qualquer que seja sua preferência política, goste ou não do que aconteceu, tenho certeza de que você não compreende plenamente a bifurcação da civilização humana que teve início ontem". Um mês antes, o candidato republicano desembarcava em Erie, na Pensilvânia, para propor uma solução ao problema da delinquência juvenil inspirada diretamente no modelo do caudilho.

"A gente vê os caras saindo com aparelhos de ar-condicionado e geladeiras nas costas. É a coisa mais insana", dizia Trump, sempre com suas imagens pitorescas, dirigindo-se a uma plateia composta por uma surpreendente proporção de pessoas com óculos espelhados. "E os policiais não podem fazer seu trabalho. Eles ouvem que, se fizerem qualquer coisa, vão perder a aposentadoria. Eles não podem agir, porque a esquerda liberal não deixa. A esquerda liberal quer destruir a polícia, ela quer destruir nosso país. No entanto, se tivéssemos um dia realmente violento... uma hora [de ação policial] brutal, e quero dizer realmente brutal, bem, a notícia se espalharia imediatamente, e tudo isso acabaria."

A ideia de um dia sem regras, à la Bukele, agradou muito aos apoiadores de Trump. Finalmente, alguém disposto a enfrentar a situação, depois de tantos políticos que parecem mais do lado dos criminosos do que do povo.

E também a ideia de uma motosserra cortando os gastos públicos e eliminando setores inteiros da administração americana, copiada diretamente do presidente argentino Javier Milei e confiada por Trump a seu aliado Elon Musk.

*

Houve uma época em que a inovação política vinha do centro. Nos Estados Unidos, alguém propunha uma nova ideia, fazia uma campanha diferente – um slogan marcante, uma maneira inédita de usar a mídia, de se dirigir aos eleitores. Tudo começava com isso, na Califórnia, na Madison Avenue ou na K Street, e depois, aos poucos, a inovação se espalhava para as margens. Alguém na Inglaterra percebia, começava a imitar os americanos, depois os países escandinavos, a Alemanha, o restante da Europa, e pouco a pouco o futuro da comunicação política se disseminava por toda parte, chegando aos confins da Ásia e do continente africano.

Lembro-me das peregrinações, nos anos 1990 e 2000, ao coração de alguma cidade entediante e imperial, em pequenas salas sem janelas de *think tanks*, com carpetes finos de cor indefinida entre o cinza e o marrom, em meio a bandejas de cookies e muffins ressecados, onde acreditávamos estar sintonizados com o espírito do tempo, porque tudo parecia caminhar na direção do belo, do bom e do justo.

Hoje, tudo mudou. No que diz respeito às ferramentas de comunicação política e de propaganda, a trajetória da inovação política se inverteu. A novidade já não circula em sentido único, do centro para a periferia, como antes. Cada vez mais, ela surge de lugares improváveis ou é testada na periferia antes de se impor no centro.

Há dez anos, a Cambridge Analytica já havia aberto o caminho, levando para a Europa e para os Estados Unidos as técnicas de guerra da informação que havia desenvolvido para o exército e os serviços de inteligência britânicos no Paquistão e na Colômbia. Em um mundo onde a condição digital se tornou a primeira experiência verdadeiramente global, compartilhada por toda a população mundial, as dinâmicas próprias à internet e às redes sociais podem ser exploradas mais ou menos da mesma forma em qualquer lugar, e a Nigéria se torna um excelente campo de testes para uma campanha em um país escandinavo.

Quando a competição política ocorria no mundo real, nas praças públicas e nos meios de comunicação tradicionais, os costumes e as regras de cada país determinavam seus limites. Mas, quando o debate público se transfere para o ambiente digital, ele se transforma em um vale-tudo, e as únicas regras são as das plataformas utilizadas. Assim, o destino de nossas democracias está cada vez mais sendo decidido em uma espécie de Somália digital, um Estado falido em escala planetária, submetido à lei dos senhores da guerra digital e a suas milícias. Hoje, já não se trata apenas de técnicas de comunicação, mas de palavras de ordem, de conteúdos e programas que circulam livremente, dos seminários do Danube Institute, em Budapeste, às conferências NatCon, de Miami a Buenos Aires.

O que mudou em relação a oito anos atrás é que o alicerce que sustentava a antiga ordem ruiu. Se, em meados dos anos 2010, Trump, Bolsonaro e os defensores do Brexit podiam parecer um grupo de *outsiders*, desafiando a ordem estabelecida e adotando uma estratégia do caos, como insurgentes em guerra contra uma potência superior, hoje a situação se inverteu: o caos já não é a arma dos rebeldes, mas a marca dos dominantes.

Se no Ocidente a primeira metade do século XX ensinou aos políticos as virtudes da contenção, o desaparecimento da última geração que viveu a guerra permitiu o retorno dos demiurgos que reinventam a realidade e pretendem moldá-la conforme seus desejos.

Se no antigo mundo existiam salvaguardas – o respeito à independência de certas instituições, os direitos humanos e das minorias, a atenção às repercussões internacionais –, tudo isso perdeu qualquer valor na hora dos predadores.

Nesse novo mundo, todos os processos em curso serão levados às suas consequências extremas, sem qualquer tipo de contenção ou regulação. *Pedal to the metal*, o pé na tábua dos aceleracionistas, tornou-se a única opção possível.

As janelas de oportunidade que existiam até ontem para a implementação de um sistema de regras se fecharam. A própria ideia de um limite à lógica da força, das finanças e das criptomoedas, ao descontrole da IA e das tecnologias convergentes, ou à transformação da ordem internacional em uma selva deixou de ser concebível.

Nesse novo mundo, os borgianos têm uma vantagem decisiva, porque estão habituados a operar em um mundo sem limites. Eles não se contentam em resistir às adversidades, eles extraem sua força do inesperado, da instabilidade e do confronto.

Donald Trump, já que estamos falando dele, é uma forma de vida extraordinariamente adaptada ao tempo presente. Uma de suas características, sobre a qual seus assessores ainda se queixam em voz baixa por respeito a uma época já extinta, mas que deveriam celebrar abertamente, é o fato de que ele simplesmente não lê. Não estamos falando de livros, que deveriam estar nos museus, nem de jornais, que seguem o mesmo destino. A imagem de um Trump sentado em seu jato particular ou em uma poltrona de Mar-a-Lago com um livro nas mãos em vez de uma tela ou um hambúrguer seria classificada pelo mais ingênuo dos internautas como uma *deep fake* das mais absurdas. O que preocupa seus assessores, embora devesse animá-los, é que Trump não lê nem mesmo os resumos de uma página, ou de meia página, que eles preparam antes de uma reunião, sintetizando os pontos essenciais do tema a ser tratado. Trump não concede um único olhar a essas notas. Sejam de uma página, meia página ou uma linha. Ele opera exclusivamente pela oralidade. O que representa um desafio considerável para quem deseja lhe transmitir qualquer conhecimento estruturado.

Mas que importância isso tem, se o que realmente importa, acima de tudo, é a ação, da qual o conhecimento, como sabemos, é um dos maiores inimigos? Um ambiente caótico exige decisões ousadas, capazes de cativar a atenção do público e desconcertar os adversários.

No fundo, Trump não passa da enésima ilustração de um dos princípios imutáveis da política, que qualquer um pode constatar: não há praticamente relação alguma entre capacidade intelectual e inteligência política. O mundo está repleto de pessoas extremamente inteligentes, inclusive entre especialistas, cientistas políticos e acadêmicos, que não entendem absolutamente nada de política, enquanto um analfabeto funcional como Trump pode alcançar uma espécie de genialidade em sua capacidade de ecoar o espírito do tempo.

Quantos empreendedores riquíssimos, tecnocratas globais, intelectuais e ganhadores do Prêmio Nobel já não vimos sofrer humilhações amargas ao tentar transpor seus triunfos profissionais para a arena política?

Segundo meus modestos cálculos de escriba asteca, existem, por exemplo, a qualquer momento, 123 pessoas em Paris que acreditam ter uma chance real de se tornar o próximo ocupante do Palácio do Eliseu. Dessas, sete ou oito estão efetivamente na disputa. As outras sabem que não estão em posição de força, mas dizem a si mesmas que nunca se sabe, que um acaso do destino pode criar a necessidade histórica de sua ascensão.

Em todas as latitudes, os prodígios sempre se comportam da mesma maneira: inchados de orgulho, convencidos de que já conseguiram o mais difícil ao se destacarem em áreas altamente competitivas, como os negócios, as organizações internacionais, o campo das artes e a ciência. O que a política poderia representar em comparação? Um amontoado de personagens em busca de um autor, sem ofício, sem competências, quase incapazes de articular duas frases.

Nenhuma pessoa sã de espírito se misturaria a esse submundo duvidoso, mas eles, os prodígios, decidiram que estava na hora de elevar o nível: afinal, se os bons ficarem de fora da arena, a situação nunca poderá melhorar, não é mesmo?

Eles começam a sondar o terreno, a dar entrevistas, a organizar suas ideias em livros, a criar grupos de reflexão ou simplesmente a aceitar o convite de um partido para se candidatar. E então, em dado momento, eles fazem uma descoberta terrível.

Tudo é muito mais difícil do que eles imaginavam. Não porque o campo esteja povoado de gênios, mas porque não há campo, nem regras, nem mesmo pontos de referência estáveis – e, no entanto, existe um jogo, ao qual pouquíssimas pessoas têm acesso. Questionado sobre sua linha política depois do congresso de Berlim, o grande Bismarck respondeu, com sua vozinha fina que hoje lhe vedaria qualquer sucesso político, que sua profissão consistia em fazer malabarismos com cinco bolas, duas constantemente no ar. Se até o chanceler de ferro prussiano via a política como um ofício circense, imaginem o que ela se torna em um contexto menos estruturado.

Como dizem os chineses, o poder é um dragão no meio do nevoeiro. Caçá-lo significa ser confrontado a cada dia com a futilidade, a imprecisão e a contradição. *Veep* é uma ótima escola, mas é preciso acrescentar a ela *Round 6* e *O poderoso chefão*, cujas falas quase todo animal político conhece de cor.

Nada é mais violento do que a política; se os militares só combatem quando estão em guerra, os políticos estão em guerra o tempo todo. Seus inimigos mais temíveis quase sempre se escondem dentro de suas próprias fileiras, e a velocidade com que tudo acontece multiplica ainda mais as margens de erro e a taxa de mortalidade. Nesse meio, os prodígios não contam para nada, porque nunca pegam em armas, ao passo que o risco é a única moeda que realmente importa.

No fim, é preciso dar um salto no escuro. Lembro-me de ouvir, durante uma dessas peregrinações ao coração do império, uma imagem de John Podesta, braço direito de Bill Clinton e de Obama, homem nervoso, ágil, magro demais de tanto correr, dirigindo-se a um jovem prefeito de Florença e seu escriba, que se questionavam sobre uma possível campanha nacional: "Não se deve esperar o momento certo para agir. Deve-se agir, torcendo para que seja o momento certo". Por um tempo, isso nos deu sorte.

Os borgianos estão particularmente adaptados às fases de turbulência, nas quais um sistema político se depara com sua própria finitude, e as respostas tanto para a incerteza quanto para o perigo residem exclusivamente na rapidez e na força. A hora dos predadores, no fundo, não passa de um retorno à normalidade. A anomalia foi o breve período em que se acreditou possível domar a busca sangrenta pelo poder por meio de um sistema de regras.

Por mais chocantes que pareçam, as ações dos borgianos são a simples versão atualizada do que se lê nos livros de história – nas *Vidas*, de Plutarco, nos relatos de Suetônio, nas crônicas do Renascimento, nas memórias do Antigo Regime.

Os borgianos de hoje não leem os clássicos, mas se reconhecem entre si. Quando MBS organizou sua festa no Ritz-Carlton, Trump, então presidente dos Estados Unidos, escreveu no Twitter: "Tenho grande confiança no rei Salman e no príncipe herdeiro da Arábia Saudita, eles sabem exatamente o que estão fazendo. Alguns dos que eles estão perseguindo hoje têm explorado seu país há anos!".

Na hora dos predadores, já não são os governantes da antiga periferia que tentam se parecer com os nossos, os dirigentes ocidentais é que adotam traços alógenos. Embora os dirigentes políticos europeus fiquem desconcertados com o fato de o presidente dos Estados Unidos governar com uma camarilha de familiares e associados, isso não causa a menor estranheza nos autocratas, que consideram perfeitamente natural recorrer a um parente ou parceiro de negócios do presidente para obter tratamento privilegiado. Por ironia do destino, essa mesma lógica começa a se infiltrar nas chancelarias ocidentais: a abertura de um canal diplomático com um primo distante ou com um parceiro de golfe de Trump adquire ares de negócios de Estado.

O que conta é o resultado. Como Javier Milei disse tão bem: "Qual é a diferença entre um louco e um gênio? O sucesso!". Esse é o credo dos borgianos, hoje compartilhado pela maioria da população, que deixou de ver as regras como uma garantia de sua liberdade e passou a percebê-las como uma gigantesca farsa – para não dizer um complô das elites – com o objetivo de oprimi-la.

"A primeira coisa a fazer é matar todos os advogados", disse Shakespeare. Ou melhor, Dick, o açougueiro de *Henrique VI*, para incitar uma revolta contra o governo do rei da Inglaterra. Segundo Dick, os advogados são cúmplices do poder estabelecido, não têm moral, estão dispostos a defender tudo e seu contrário. Eles não resolvem os problemas, eles os criam, e sempre têm uma desculpa à mão para embaralhar ainda mais as coisas. Eles se interessam pelas formas, não pelo conteúdo; falam uma linguagem incompreensível, com o simples objetivo de enganar os desavisados, e, no fim das contas, só cuidam dos próprios interesses.

Os borgianos focam no conteúdo, não na forma. Eles prometem resolver os verdadeiros problemas do povo: a criminalidade, a imigração, o custo de vida. E o que respondem seus adversários, os liberais, os progressistas, os bons democratas? Regras, democracia em perigo, proteção das minorias...

Entre todos os candidatos democratas à presidência e à vice-presidência dos Estados Unidos desde 1980, Tim Walz, companheiro de chapa de Kamala Harris, foi o primeiro a não ter um diploma de direito. Vinte candidatos em dez eleições, ao longo de quarenta anos: todos advogados. No mesmo período, nenhum dos quatro presidentes republicanos tinha formação jurídica:

o primeiro, Ronald Reagan, era ator, e os três seguintes, homens de negócios.

Nos Estados Unidos, os advogados são a categoria profissional mais detestada, logo atrás dos políticos. Como se surpreender, então, que o partido dos advogados tenha sido derrotado? Que uma plataforma inteiramente concebida por advogados, centrada na defesa dos procedimentos democráticos e no respeito aos direitos das minorias – cujo principal argumento se baseava em processos contra o candidato republicano –, tenha sido esmagada pelas queixas dos borgianos sobre o custo de vida, a imigração e o desprezo de classe?

Advogados têm muitas qualidades, mas nunca foram capazes de deter uma revolução. Pelo contrário, são justamente suas qualidades que fazem deles, quase sempre, o primeiro alvo dos revolucionários. Se há uma figura insuportável durante uma insurreição, é a do sujeito que se recusa a se juntar às massas, que ergue o dedo, formula objeções e exige o respeito às formalidades. Pior ainda quando o faz para defender um inimigo do povo – aquele que Dick, o açougueiro, com boas razões, queria ver balançando em uma forca improvisada.

■ CHICAGO,

novembro de 2017

"O POMAR DA CASA BRANCA era muito poderoso, porque altamente simbólico. Cultivar berinjelas e abobrinhas e exibir imagens da primeira-dama ajoelhada na terra, cercada de crianças, transmitia uma mensagem muito forte à nação e ao mundo."
O grande salão do Museu de Ciência de Chicago mal consegue conter a expectativa e a excitação dos presentes. Estamos no jantar inaugural da fundação criada por Barack Obama ao deixar a Casa Branca.

Já se passou um ano desde o terremoto que abalou a política mundial: a eleição de Donald Trump para a presidência dos Estados Unidos. A Europa enfrenta os efeitos catastróficos do Brexit. Na Itália, as pesquisas das eleições previstas para a primavera indicam uma onda nacional-populista sem precedentes.

Aqui, não estamos exatamente em busca de respostas, mas ao menos de ideias. Nos últimos anos, apesar de suas limitações, Obama foi o farol dos liberais-democratas do mundo. Ainda hoje, nosso reflexo natural é nos voltarmos para ele. Por isso, recebemos com entusiasmo sua iniciativa de criar uma fundação: finalmente um espaço para pensar o futuro, para conter a onda iliberal que ameaça varrer o Ocidente.

Percorremos sete mil quilômetros para estar aqui esta noite. E nos vemos diante do antigo chef de cozinha da Casa Branca, que exalta os méritos da horta orgânica de Michelle. Depois do cozinheiro, sobe ao palco outro orador. Um certo Michael Hebb. Ao pesquisar sua biografia on-line, descubro que ele foi um pioneiro no consumo consciente de chocolate em ambientes corporativos, tendo mais tarde fundado uma organização chamada Death Over Dinner, "a morte à mesa".

Um tanto desconcertado com os discursos de abertura, volto-me para os outros convidados. Devem ser pessoas interessantes, os "líderes em ascensão" que a fundação pretende "inspirar, capacitar e conectar para que mudem o mundo". Os primeiros brócolis orgânicos do chef chegam à mesa. Os convidados começam a trocar as primeiras palavras tímidas quando uma jovem sentada à nossa mesa toma a palavra.

"Boa noite, meu nome é Heather, serei sua facilitadora de conversa esta noite." Depois dessa breve introdução, descobrimos, horrorizados, que o formato do jantar não prevê que os convidados interajam espontaneamente uns com os outros, mas sim por meio de uma conversa guiada por Heather, que nos permitirá ultrapassar as formalidades e chegar a um nível de troca mais profundo. Para isso, os presentes devem responder, um a um, a cinco perguntas: "Por que me chamo assim? Quem são os meus? Quem mais me influenciou? Quem eu gostaria de ser? Em que medida sinto fazer parte de minha comunidade?".

Para quebrar o gelo, Heather nos conta, com poucas palavras e muito entusiasmo, sua trajetória como pessoa transgênero mestiça, adotada por uma família de Chicago. À medida que sua história avança, penso que será difícil superá-la. Olhando para as outras mesas, percebo que o mesmo exercício acontece em toda parte. Cada mesa tem um facilitador fazendo as mesmas perguntas a todos.

Pelo canto do olho, percebo a expressão consternada do capitão Rocca, o agente de segurança que nos acompanha nessa viagem. Conforme a noite avança, vejo esse homem jovial e corajoso, sólido como um carvalho, que não hesitaria em levar um tiro para proteger um de nós, murchar a olhos vistos, até parecer um galho frágil e trêmulo.

Depois do jantar, saboreando um uísque restaurador no bar do hotel, ele me relata seu calvário. Passado o choque inicial, ele conseguiu se recuperar, e tudo transcorreu mais ou menos bem – até o momento em que ele ousou responder "eu mesmo" à pergunta "quem você gostaria de ser?". Foi o suficiente para todos caírem em cima dele, acusando-o de todos os tipos de defeitos, com o próprio "facilitador" não resistindo a chamá-lo de egocêntrico.

Rimos daquela noite, mas não pude deixar de pensar que, se fosse um eleitor americano, o capitão Rocca – um dos poucos representantes do povo no jantar – teria saído trumpista do evento inaugural da fundação Obama. E temo que nenhuma das atividades programadas para as 36 horas do encontro teria mudado sua opinião: nem a meditação às sete da manhã (felizmente indicada como "opcional" no programa), nem a conversa com o príncipe Harry sobre a juventude como vetor de transformação social, nem o diálogo entre Michelle Obama e uma poeta da moda sobre suas fontes de inspiração, nem mesmo o show particular de Gloria Estefan e do rapper Common – modestamente renomeado *community event* – que encerrou os trabalhos.

Dois dias depois, deixamos Chicago com a impressão de termos conhecido muitas pessoas simpáticas e cheias de boas intenções, mas pouco preparadas para enfrentar a batalha que se desenhava.

Obama também era advogado. Mas, como Bill Clinton antes dele, seu carisma e sua inteligência política o mantiveram longe dos perigos do legalismo. Com sua saída, restou apenas o partido dos juristas. Tendo renunciado a transformar ou mesmo a governar o capitalismo e a combater as desigualdades econômicas, os democratas se limitaram ao objetivo mais modesto de representar as minorias. Algo louvável em si, mas que não coloca em causa as dinâmicas que moldaram toda a sociedade americana desde o início dos anos 1980.

Para compensar sua falta de coragem diante dos desafios fundamentais, os advogados se lançaram cada vez mais em uma luta extrema pelos direitos, assumindo posições bem mais radicais do que a maioria de seus próprios eleitores. Durante a campanha nas primárias democratas de 2020, Kamala Harris chegou a cogitar a abolição da polícia de fronteira, ao mesmo tempo que defendia um financiamento público para a transição de gênero de presidiários e imigrantes ilegais.

Não apenas essas propostas se revelaram ineficazes junto ao eleitorado, como também voltaram para assombrar a candidata quatro anos depois. Um dos anúncios mais impactantes da campanha de reeleição de Trump em 2024 jogava com os pronomes não binários: "Harris é para Elus; Trump é para Você".

*

Do ponto de vista dos borgianos, o wokismo[3] é um presente dos deuses, o combustível ideal para alimentar a máquina do caos. Como os gregos da Antiguidade, que retiravam os direitos cívicos dos cidadãos que, em uma guerra civil, não pegavam em armas por um ou outro lado – e como Dante, que os relegava às portas do Inferno, onde seriam permanentemente atormentados por vespas –, os borgianos temem acima de tudo os mornos, aqueles que não tomam partido. Tudo o que contribui para elevar o nível do conflito serve a seus objetivos.

Ninguém compreendeu isso melhor do que Alexander Nix, o ex-diretor executivo da Cambridge Analytica. Posso vê-lo, mais ou menos na época de nossa viagem a Chicago, em uma sala do andar superior do Carlton Club, cercado

---

[3] O termo "wokismo" é uma variação de "*woke*" ("desperto"), cujo uso remonta aos anos 1930 e descreve a consciência social em relação a questões de racismo e desigualdade. Nos últimos anos, passou a ser utilizado de forma pejorativa, especialmente a partir de 2019, quando foi adotado principalmente pela direita política e por alguns centristas de maneira sarcástica para criticar um ativismo excessivo em questões de identidade, diversidade e correção política, considerado ainda superficial e performático. Até mesmo setores da esquerda criticam o "wokismo", por julgarem que interfere na solidariedade da classe trabalhadora. [N.E.]

por homens de terno de vicunha, bebericando uma taça de Pol Roger e apresentando o *pitch* de sua empresa.

"Não somos uma agência de comunicação como as outras", ele diz. "Se vocês quiserem vender Coca-Cola em um cinema e procurarem uma agência tradicional, sabem o que vão ouvir?"

Pegos de surpresa por essa introdução pouco comum, os potenciais clientes – bilionários tailandeses, magnatas do petróleo cazaques, fazendeiros argentinos – se inclinam um pouco mais para perto desse homem tão elegante, o último epígono de uma linhagem de corsários construtores de impérios que, na Grã-Bretanha, perpetua-se ininterruptamente do século XVI até os dias de hoje. Com o tempo, eles se reconverteram aos serviços de segurança e inteligência, ao comércio de matérias-primas e armas, ao setor financeiro e ao lobbying nos altos círculos, mas continuam sendo os mesmos. Seus sotaques impecáveis, adquiridos nos bancos de escolas privadas, seus ternos de tweed e seus sapatos de couro, nunca excessivamente novos, aliados a certo ar de despreocupação, atestam sua disposição de desfrutar a vida e extrair dela todos os prazeres e privilégios que lhes cabem por direito. As maneiras de um aristocrata de South Kensington e o código moral de um bandido de Brixton.

"Deixem-me dizer o que vai acontecer se vocês procurarem uma agência de comunicação tradicional", continua Nix. "Vocês vão ouvir: aumentem os pontos de venda, coloquem um cartaz na entrada, preguem a imagem de uma beldade de maiô bebendo Coca-Cola perto do caixa, passem um comercial antes do início do filme. Truques inúteis que não vendem uma lata a mais – mas que, em compensação, mantêm funcionando toda uma economia de parasitas: redatores, fotógrafos, videomakers, diretores criativos que compram camisetas pretas na Loro Piana e gastam trinta libras em drinques nos bares de Chelsea. Nós não trabalhamos assim. Não nos interessamos pela Coca-Cola. O que nos interessa é o espectador. E sabem por que o espectador compra uma Coca? Não porque é cool ou porque é a bebida das modelos, ou por causa de um comercial de quarenta segundos que custou mais do que um filme de Hollywood. O espectador compra uma Coca-Cola porque está com sede. Então, sabem a única coisa que precisa ser feita? Aumentar a temperatura da sala de cinema. É isso que fazemos. Aumentamos a temperatura. Para que as pessoas sintam sede. Simples, não?"

A Cambridge Analytica foi aniquilada pelos escândalos que se seguiram à votação do Brexit, mas as plataformas on-line onde se desenrola uma parte da nossa vida pública seguem exatamente o mesmo princípio: aumentar a temperatura para multiplicar o engajamento. Se a mobilização dos preconceitos sempre foi o nervo do combate político, as redes sociais lhe conferiram uma escala industrial. Em toda parte, o princípio é o mesmo. Três operações simples: identificar os temas quentes, as fraturas que dividem a opinião pública; impulsionar, em cada uma dessas frentes, as posições mais extremas e colocá-las em confronto; projetar esse embate para o público como um todo, elevando cada vez mais a temperatura do ambiente.

As plataformas se apresentam como uma vitrine transparente, através da qual se pode contemplar o mundo tal como ele é, livre dos vieses das elites que controlam os meios de comunicação tradicionais. Na realidade, porém, elas são como as salas de espelhos dos parques de diversões, que deformam a realidade até torná-la irreconhecível, moldando-a para atender às expectativas e aos preconceitos de cada um de nós.

Os engenheiros do Vale do Silício há muito deixaram de programar computadores para se tornar programadores de comportamentos humanos. A partir do momento em que decidimos transformar os computadores na interface global que medeia nossa relação com a realidade, nós nos colocamos em suas mãos – e nas mãos de todos aqueles, *spin doctors* ou agentes de influência, que têm interesse em alimentar o aquecimento do clima social.

"Eu só vejo aquilo em que acredito", o lapso revelador de Éric Zemmour durante a campanha presidencial de 2022 é apenas a consagração do princípio lógico da época. O erro seria pensar que ele só se aplica aos outros, àqueles que não pensam como nós, quando, na verdade, estamos todos submetidos a ele – inclusive as elites, que não estão menos sujeitas à manipulação e às crises de pânico do que as massas revoltadas.

■ MONTREAL,
setembro de 2024

JUSTIN TRUDEAU TEM O SENSO da *mise en scène*. A sala que escolheu para um almoço sobre inteligência artificial flutua no décimo andar da torre do porto de Montreal. O olhar dos convidados percorre os edifícios de tijolos vermelhos da cidade velha e os arranha-céus do centro, depois paira sobre a bacia do São Lourenço, majestosa sob o sol dos primeiros dias de outono.

Na ausência de um facilitador de conversa oficial, os convidados conversam espontaneamente, mais embriagados pela vista do que pela garrafa de chardonnay quebequense, do qual se servem com parcimônia. Um homem sozinho se mantém um pouco afastado, as grossas armações de seus óculos lhe conferem o curioso aspecto de alguém cujo olhar parece voltado para dentro, e não para fora.

A um discreto aceno de cabeça do primeiro-ministro, nós nos sentamos à mesa. Trudeau gosta de apresentar seu país – e não sem razão – como o epicentro da IA "responsável". De fato, foi em Toronto que Geoffrey Hinton, prêmio Nobel de Física de 2024, conduziu suas pesquisas sobre redes neurais artificiais, enquanto seu colega Yoshua Bengio leciona no departamento de informática da Universidade de Montreal. Ambos se destacam por uma rara preocupação ética em nossa época: Hinton deixou o Google, onde atuava como consultor, para poder se expressar mais livremente sobre os riscos da IA, e Bengio recusou os milhões oferecidos por diversas empresas do setor para poder preservar sua independência.

Hoje, Yoshua Bengio está sentado na frente de seu colega Yann LeCun, que dirige o laboratório de inteligência artificial da Meta, a gigante por trás de Facebook, WhatsApp e Instagram. Desde que receberam conjuntamente o Prêmio Turing de 2018, os três – Hinton, Bengio e LeCun – são considerados os pais fundadores da "inteligência artificial" tal como a conhecemos hoje. O único problema é que eles não concordam em quase nada. O que é um tanto incômodo, considerando que o mundo inteiro espera que eles lancem alguma luz sobre uma revolução tecnológica que alguns já veem como um marco na história da humanidade.

Suas posturas não poderiam ser mais distintas. Bengio dá a impressão de ser uma pessoa normal, seus olhos não têm o brilho gélido dos conquistadores da tecnologia. De todos os especialistas no assunto, ele me parece o mais confiável. Seus julgamentos, suas dúvidas, as questões por vezes inquietantes que levanta são as de um cientista que busca compreender. Quando os maiores especialistas de um campo têm opiniões tão divergentes, ele diz, e fazem previsões tão discordantes – algumas chegando à destruição da espécie humana –, a sabedoria recomendaria que a autoridade pública examinasse todas as hipóteses, em vez de escolher apenas uma.

Sentado à sua frente, Yann LeCun tem uma personalidade muito mais ajustada aos tempos atuais. Seu tom categórico, imune à dúvida e à nuance, tornou-o extremamente popular no X, onde acumula mais de 850 mil seguidores, contra os apenas 12 mil de Bengio. Desde que assumiu a liderança da IA da Meta, para reduzir os atrasos em relação ao Google, LeCun investiu os bilhões de Zuckerberg em modelos *open source* que colocam a tecnologia mais poderosa da história da humanidade ao alcance de todos, inclusive dos grupos mais extremistas. Uma tecnologia que, entre suas inúmeras capacidades mirabolantes, pode dotar qualquer indivíduo de um poder de destruição antes reservado apenas aos Estados. Enquanto outros alertam para a disseminação descontrolada de armas de destruição em massa, LeCun não tem a menor hesitação: a inteligência artificial não apresenta o menor risco, e qualquer um que afirme ou cogite o contrário deve ser, em maior ou menor grau, um imbecil, inclusive seus ex-colegas pesquisadores.

Sentado naquela cápsula de vidro suspensa a sessenta metros do chão, que parece saída diretamente de um filme de ficção científica, com seus óculos grossos e um sorriso satisfeito no rosto, LeCun lembra um Austin Powers que envelheceu e perdeu um pouco da graça. A primeira coisa que ele nos diz é que nós, na Europa, não podemos comprar os pesados óculos que ele usa. A Meta teria decidido que não os comercializaria na União Europeia, em virtude de regulamentações muito restritivas. A habitual chantagem das plataformas: adaptem-se ou fiquem para trás, excluídos, relegados ao ostracismo.

Na verdade, os óculos de realidade aumentada de LeCun existem entre nós e são tão populares no continente europeu quanto no resto do mundo. A possibilidade de transmitir tudo o que eles veem ao vivo no Facebook e no Instagram desperta o entusiasmo dos fanáticos por redes sociais. Falta ao modelo europeu um único elemento crucial: o sistema que permite fazer perguntas sobre o que se está vendo e obter respostas da inteligência artificial da Meta – alimentando-a, ao mesmo tempo, com novos dados.

LeCun tem grandes ambições para seus óculos. "Em dez anos, não teremos smartphones", ele diz, "mas óculos de realidade aumentada, ok? O computador continuará no nosso bolso, mas falaremos com nossos óculos. Eles exibirão um conteúdo sobreposto ao mundo real."

Eu só vejo aquilo em que acredito. Graças à Meta, os óculos deixam de ser uma metáfora para invadir nosso cotidiano. Com eles, cada um terá direito à sua própria realidade. Em breve, dez pessoas assistindo ao mesmo show viverão dez experiências radicalmente diferentes, seus óculos de realidade aumentada permitirão adicionar efeitos de luz, anúncios publicitários e até artistas convidados. O mesmo acontecerá em reuniões, encontros políticos ou mesmo em um simples passeio pela rua.

Os óculos de realidade aumentada escancaram as portas de um reino encantado. Imagine: você chega a um país estrangeiro cuja língua não fala, mas olha para uma placa e ela é automaticamente traduzida e exibida em seus óculos. Você conversa com alguém que não entende seu idioma e a tradução aparece nos óculos dessa pessoa; quando ela responde, a tradução aparece nos seus. Você atravessa a rua e seus óculos o alertam sobre um carro que você não viu se aproximar.

"Teremos muitas coisas desse tipo", exulta LeCun. "Com o tempo, seu assistente virtual sabe tudo o que você faz e tem uma ideia muito precisa do que você quer. Ele pode até prever o que você vai querer."

Chegamos, então, ao ponto final. Controlada pelos oligarcas da tecnologia, a interface à qual decidimos entregar nossa relação com o mundo sai de nossos bolsos e se funde a nossos corpos, antecipando nossos desejos antes mesmo de termos tempo de formulá-los.

Enquanto a bacia do São Lourenço cintila no horizonte como um gigantesco chip de silício, um raio negro passa diante de meus olhos, sem precisar da ajuda dos óculos de LeCun. É uma imagem que me persegue, a visão monótona de uma megalópole chinesa e de um painel publicitário erguido à beira da rodovia de Wuhan, com uma frase impressa em letras garrafais: "Criamos o futuro com que sonha a humanidade".

■ PARIS,
setembro de 1931

A POSIÇÃO MAIS VANTAJOSA de se estar junto a um monarca é a de leve desgraça. Em seus passeios pelos cais da Île Saint-Louis, é possível que Curzio Malaparte reflita sobre as palavras do almirante Von Tirpitz, que sempre me pareceram muito sábias, mas pode ser que ele veja as coisas de outra forma. A leve desgraça em que ele caiu junto a Mussolini acaba de lhe custar a direção do grande jornal *La Stampa*, de Turim, do qual foi, aos 30 anos, o mais jovem diretor desde sua fundação. Um golpe duro para Malaparte, ambicioso fascista da primeira hora, que finalmente havia alcançado o topo, onde se acostumara a exercer o poder e a brilhar nos salões. Por outro lado, como sua desgraça é apenas leve, sua ruína não o leva à prisão – onde ele acabaria dois anos depois –, apenas às margens do Sena, onde ele está livre para cultivar seu gosto por boas leituras e jantares mundanos.

Esse desvio não é o primeiro de sua trajetória. Poderíamos dizer, na verdade, que certo descompasso é o elemento constitutivo da personalidade de Malaparte. Nascido Kurt Erich Suckert no coração da província toscana, ele tem um pai não apenas alemão como também protestante, inquieto e autoritário, e uma mãe italiana que não ama o filho. Aos 15 anos, foge de casa para se alistar no exército francês, contra a Alemanha. Depois da guerra, ele adere ao partido fascista antes mesmo que este chegue ao poder, escreve textos inflamados; seu melhor amigo, no entanto, é Piero Gobetti, o mais jovem e brilhante dos intelectuais antifascistas. Assim que assume a direção do *La Stampa*, ele afasta os escribas do regime e impulsiona os melhores jovens escritores de sua geração: Corrado Alvaro, Elio Vittorini, Alberto Moravia.

Sua relação com Mussolini reflete esse percurso errático. O Duce aprecia o talento de Malaparte, mas desconfia dele. Sabe estar diante de uma pessoa totalmente imprevisível, capaz de atirar o melhor amigo debaixo de um trem por uma frase bem formulada. Então decide atirá-lo debaixo do trem primeiro.

A partir do verão de 1931, a essa série de descompassos se soma a leve desgraça que o levou ao exílio. Mas Malaparte não está em Paris apenas para flanar pelos cais, debater a atualidade política e literária com os amigos Daniel Halévy e Jean Guéhenno, ou desfrutar do esplendor das últimas recepções oferecidas pela princesa Bibesco, embora tenha grande gosto por todas essas atividades. Ele acaba de publicar um breve tratado intitulado *Técnicas de golpes de Estado*. Nesse livro, Malaparte disseca os métodos empregados por partidos tanto de extrema-direita quanto de extrema-esquerda, que rejeitam a democracia liberal e "situam a questão do Estado no terreno revolucionário".

Sua compreensão desses movimentos não é meramente teórica, ele os viu em ação. Muito jovem, participou do

Conselho Superior de Guerra de Versalhes. Mais tarde, junto à delegação italiana na Polônia, testemunhou o confronto entre as tropas do marechal Piłsudski e o exército bolchevique. De volta à Itália, tomou parte na Marcha sobre Roma e na ascensão de Mussolini. Como jornalista, viajou à URSS, onde, no final dos anos 1920, fez alguns dos mais esclarecedores relatos sobre as lutas internas do novo regime soviético.

A conclusão a que chegou, e que expõe em *Técnicas de golpes de Estado*, também é revolucionária: algo mudou na forma de se tomar o poder, observa Malaparte, embora a maioria das pessoas, inclusive os líderes do campo liberal e democrático, ainda não tenha percebido. Mais do que um fato político, a revolução se tornou uma questão técnica, e mil homens bem organizados têm mais chances de tomar o Estado do que uma massa revolucionária armada.

Para ilustrar seu argumento, Malaparte destaca o exemplo decisivo da Revolução de Outubro. O destemido Kerensky, que havia tomado o poder na Rússia após a abdicação do czar, não tinha nada de fraco nem de incapaz. Ele fizera prova de determinação e coragem ao reprimir o levante dos operários e desertores, depois o dos reacionários liderados por Kornilov. No outono de 1917, havia tomado todas as precauções possíveis contra uma eventual insurreição bolchevique – as mesmas que qualquer chefe de governo liberal teria tomado, acrescenta Malaparte com certo sadismo, nomeando-os um a um: Poincaré, Lloyd George, MacDonald, Giolitti, Stresemann. Consciente do risco de um golpe, Kerensky tratara de defender a organização burocrática e política do Estado: o Palácio de Inverno, os ministérios, a sede do

Parlamento, o Estado-Maior. Qualquer estadista sensato teria feito o mesmo.

No entanto, à sua frente havia um homem que compreendia que as regras do jogo haviam mudado. Trótski dizia que os revolucionários deviam ignorar a existência do governo Kerensky. A chave do Estado não era sua estrutura burocrática e política – não era o Palácio Tauride, nem o Palácio Maria, nem o Palácio de Inverno –, mas sim sua infraestrutura técnica: as centrais elétricas, as ferrovias, o telefone, o telégrafo, o porto, os gasodutos, os aquedutos.

"Para tomar o Estado moderno", dizia Trótski, ou ao menos o Trótski de Malaparte, "precisa-se de um grupo de assalto e de técnicos: equipes de homens armados, comandadas por engenheiros."

Seus próprios camaradas de partido se mostraram céticos, pois sempre tinham pensado em uma insurreição das massas, uma revolução proletária, não uma operação cirúrgica conduzida por um punhado de especialistas.

Mas Trótski seguiu com seu plano sem se abalar. Na imensa confusão que reinava então em Petrogrado, ninguém prestava atenção nos pequenos grupos de operários e marinheiros desarmados que se infiltravam nos corredores das centrais telefônicas e telegráficas, dos correios, nem nos técnicos que estudavam, *in loco*, o traçado das tubulações de gás e água, dos cabos elétricos, telefônicos e telegráficos. Quando os agentes de Trótski se cruzavam nos corredores dos escritórios ou nas escadas das centrais, eles fingiam não se conhecer.

No dia 21 de outubro, as equipes encarregadas de tomar as estações ferroviárias fizeram um ensaio geral, que correu às mil maravilhas, sem que ninguém percebesse.

No mesmo dia, conta Malaparte, três marinheiros foram até a central elétrica, perto da entrada do porto. O diretor os recebeu com entusiasmo: até que enfim, ele disse, fazia semanas que eu pedia ao comando militar um serviço de proteção. Os três bolcheviques se instalaram na central – para defendê-la dos guardas vermelhos, eles disseram, caso houvesse uma insurreição. Do mesmo modo, outros marinheiros tomaram as demais centrais municipais.

Em 24 de outubro, Trótski lançou o ataque. Tudo se resolveu em poucas horas. Os técnicos do Exército Vermelho tomaram os pontos vitais do Estado, sem tocar nos órgãos políticos: Parlamento, ministérios e sede do governo permaneceram intactos. Nunca se vira antes, observa Malaparte, uma insurreição proclamar a vitória e deixar o governo com liberdade de ação. Nem mesmo Lênin estava convencido. No dia seguinte, disfarçado de operário, sem barba e usando uma peruca, ele foi ao Palácio Smolny para o segundo congresso dos sovietes. Ao vê-lo, Trótski zombou: "Por que ainda está disfarçado? Os vencedores não se escondem".

■ BERLIM,
dezembro de 2024

"ELON, LANCEI UM DEBATE POLÍTICO inspirado nas suas ideias e nas de Milei. Embora o controle das migrações seja crucial para a Alemanha, o AfD se opõe à liberdade, às empresas – e é um partido de extrema-direita. Não tire conclusões precipitadas à distância. Vamos nos encontrar, vou lhe mostrar pelo que o meu partido luta."

Entre os milhares, as centenas de milhares de mensagens postadas diariamente nas redes sociais por políticos de todo o mundo, é difícil encontrar uma mais patética, mais tola e mais tristemente ingênua do que esse apelo de Christian Lindner, ex-ministro das Finanças e líder do partido liberal-democrata alemão, dirigido a Elon Musk em 20 de dezembro de 2024.

A resposta do homem mais rico do mundo não se fez esperar. "Os partidos políticos tradicionais traíram completamente o povo alemão. O AfD é a única esperança para a Alemanha."

Depois de proclamar seu apoio a Jair Bolsonaro, Milei e Bukele, depois de contribuir maciçamente para a eleição de Donald Trump nos Estados Unidos, Musk se voltou para a Europa. Na Grã-Bretanha, ele se engajou ao lado do partido responsável pelo Brexit. E, na Alemanha, junto ao AfD, o partido de extrema-direita.

Se você acha que essa conduta é mais uma excentricidade do bilionário de origem sul-africana, está cometendo um erro fatal. A verdade é que a atitude de Musk revela algo muito mais fundamental, que vai muito além das preferências de um único – ainda que extremamente poderoso – magnata da tecnologia. Algo que tem raízes muito mais profundas e está destinado a ter consequências muito mais sérias.

Os conquistadores da tecnologia decidiram se livrar das antigas elites políticas. Se conseguirem alcançar seus objetivos, o mundo de Christian Lindner e de todos os seus semelhantes – liberais, sociais-democratas, conservadores e progressistas, tudo o que estamos acostumados a considerar como o eixo central de nossas democracias – será varrido para longe.

Até agora, as elites econômicas, os agentes financeiros, os empresários e os dirigentes das grandes empresas se apoiaram em uma classe política de tecnocratas – ou aspirantes a tecnocratas – de direita e de esquerda, moderados, entediantes, mais ou menos indiferenciados, que governavam seus países com base nos princípios da democracia liberal, de acordo com as regras do mercado, às vezes temperadas por considerações sociais.

Era o consenso de Davos. Um lugar onde as pistas azuis, gentilmente demarcadas por tratores de neve, haviam substituído as convulsões desmesuradas de *A montanha mágica*.

Na hora dos predadores, esse equilíbrio explode. As novas elites tecnológicas, os Musks e os Zuckerbergs, nada têm a ver com os tecnocratas de Davos. Sua filosofia de vida não está baseada na gestão competente do que existe, mas em um enorme desejo de desencadear o caos. A ordem, a prudência e o respeito às regras são condenados por aqueles que se acostumaram a agir com rapidez e a destruir as coisas, como diz o lema do Facebook.[4]

Os magnatas da tecnologia têm muito mais em comum com os borgianos. Como eles, quase sempre encarnam personagens excêntricos que precisaram romper com as regras para conquistar seu espaço. Como eles, desconfiam dos especialistas e das elites, de todos que representam o velho mundo e que poderiam impedi-los de perseguir seus sonhos. Como eles, gostam da ação e estão convencidos de que podem modelar a realidade de acordo com seus desejos; a viralidade prevalece sobre a verdade, e a velocidade está a serviço do mais forte. Como eles, desprezam os políticos e os burocratas: veem neles fraqueza e hipocrisia, sentem que sua época já passou. Graças à internet e às redes sociais, a fraqueza e a hipocrisia das antigas elites são, aliás, expostas aos olhos de todos.

Os magnatas da tecnologia são borgianos – e essa convergência vai muito além do papel que qualquer um de seus representantes possa desempenhar, por mais relevante que seja.

A reeleição de Trump marca, também sob essa perspectiva, uma virada decisiva, pois, neste momento, os conquistadores da tecnologia se sentem, pela primeira vez,

---

[4] *"Move Fast and Break Things."* [N.E.]

fortes o suficiente para declarar guerra às antigas elites. Até então, a convergência entre borgianos e tecnólogos era dissimulada pelo fato de que esses últimos não ousavam contestar abertamente a supremacia do bloco de Davos. Durante muitos anos, os magnatas da tecnologia tiveram de fazer prova de diplomacia, ser mais raposas do que leões, ainda que por dentro rugissem com o desejo de afirmar sua superioridade sobre os chefes das velhas tribos políticas.

Antes de Musk, houve Eric Schmidt.

Por sua educação, seu caráter e seus cálculos táticos, Eric Schmidt é o exato oposto de Elon Musk. Enquanto esse último é insolente e transgressivo, o outro é gentil, discreto, conciliador. Ao vê-lo andando pelos corredores do Pentágono ou entre as elites do Instituto Aspen, um pouco desajeitado em seu terno grande demais, sempre sorridente, com uma expressão de infinita tolerância no rosto, ele poderia ser confundido com um sacerdote rural, daqueles que se tornam pilares da comunidade, como nos tempos antigos. Na realidade, ele está mais para um cardeal, do tipo astuto e consciente demais de seu poder para almejar o trono de Pedro.

O pai de Carlos VIII não quis que o delfim aprendesse mais latim do que estas cinco palavras: *Qui nescit dissimulare, nescit regnare*, "quem não sabe dissimular não sabe reinar". O pai de Eric Schmidt, embora não tenha sido rei da França, apenas professor de economia internacional, parece ter-lhe ensinado uma lição parecida.

No início dos anos 2000, quando o Google estava à beira do colapso e os dois brilhantes sociopatas que o fundaram perceberam que precisavam de um adulto a bordo, eles procuraram Eric Schmidt. A partir desse momento, Schmidt tomou as rédeas da companhia e transformou o Google no colosso que conhecemos hoje, deixando a Larry e Sergey, os dois fundadores, todo o tempo do mundo para as pesquisas pós-humanas que os fascinavam. Durante os comitês executivos em Mountain View, os dois geralmente permaneciam grudados em suas telas até que Schmidt mudasse de tom: "Larry, Sergey, preciso da atenção de vocês agora". Eles emergiam por alguns instantes, depois retornavam às suas buscas metafísicas.

Durante a presidência de Obama, Schmidt esteve onipresente. Assim que se tratasse de ciência, tecnologia, computação ou política industrial, ele aparecia, com o terno grande demais e o rosto sereno, sempre prestes a fazer um gesto de bênção cristã sobre os presentes.

Em 2012, sua contribuição para a reeleição do presidente democrata foi muito mais importante do que a de Musk em apoio a Trump. Na época, as coisas não iam nada bem para Obama. O entusiasmo gerado por sua eleição havia diminuído muito, a recuperação econômica ainda estava distante, e os soldados americanos continuavam morrendo sob os ataques de "artefatos explosivos improvisados" no Iraque e no Afeganistão. Dos vários fatores que haviam possibilitado sua eleição triunfal, restava apenas um sobre o qual apostar as últimas fichas: a internet. Felizmente, Sua Eminência Eric Schmidt não estava longe.

No dia 20 de janeiro de 2011, a Casa Branca anunciou a formação da equipe para a reeleição do presidente. Jim Messina, que havia liderado a parte digital da campanha anterior, assumiu a frente das operações. No mesmo dia, em Mountain View, Eric Schmidt renunciou discretamente ao cargo de CEO do Google, mantendo apenas a posição de presidente, que o deixava livre para ajudar seu protegido Messina a reeleger o amigo Barack. Juntos, os dois traçaram uma estratégia: construir a maior base de dados eleitorais que o mundo jamais conhecera, com o objetivo de chegar individualmente a cada eleitor dos estados onde ocorria a campanha. Se a campanha de 2008 foi a do uso da internet como ferramenta de comunicação, a de 2012 seria a da internet como ferramenta de inteligência estratégica.

A operação recebeu o nome de "Projeto Narval", em referência ao cetáceo de longa presa que surge das águas como um monstro marinho para assustar seus adversários. Os republicanos não desconfiaram de nada. Por meses, seis dias por semana, catorze horas por dia, dezenas de engenheiros emprestados pelo Google, e também por Twitter, Facebook e outras empresas do Vale do Silício, trabalharam na criação dessa poderosa criatura das profundezas. Graças a ela, Obama iniciou o ano de sua reeleição com a certeza de conhecer o nome de cada um dos 69.456.897 de americanos que o haviam levado à Casa Branca. Embora os votos tivessem sido secretos, os dados do Narval eram tão detalhados que os analistas conseguiam identificar todos os apoiadores de Obama em cada distrito eleitoral. Cada eleitor recebia uma pontuação de probabilidade, que ia de zero a cem. Zero significava que o eleitor votava em Romney. Cem, que o eleitor era totalmente a favor de Obama. A partir disso, bastava concentrar todos os recursos nas pontuações entre 45 e 55, nos estados decisivos, que a vitória estaria garantida.

Durante toda a campanha, o Narval caçou os eleitores "úteis" casa por casa, enviando a cada um mensagens adaptadas às suas ideias e aos seus interesses. Como a grande visão de 2008 se estilhaçara contra o muro da realidade, os estrategistas de Obama mudaram de direção. De ferramenta de mobilização, a internet se tornou uma ferramenta de segmentação: brincadeira de criança para Schmidt, à frente da maior empresa publicitária do planeta, mas uma revolução para a política americana e para o cenário global. Pela primeira vez, em 2012, a campanha eleitoral da maior democracia do mundo se transformou em uma guerra de softwares, e, graças ao cardeal da tecnologia, a superioridade dos democratas foi esmagadora.

Na noite da eleição, Schmidt estava no quartel-general da campanha, em Chicago. Uma foto borrada o mostra de jeans e camisa xadrez, cercado por comedores de batata frita. Naquela noite, Obama obteve 51% dos votos, 3 milhões e meio a menos que da vez anterior, mas estrategicamente distribuídos de forma a garantir a vitória na maioria dos grandes colégios eleitorais. Se a vitória de 2008 teve uma natureza política, a de 2012 foi essencialmente técnica.

A partir desse dia, o perfume de santidade que emanava do cardeal da tecnologia se infiltrou por todos os recantos da administração democrata. Duas semanas depois da reeleição de Obama, a comissão antitruste, que havia processado o Google, arquivou o caso. Já membro do conselho de assessores para Ciência e Tecnologia da Casa Branca, Schmidt foi nomeado presidente do primeiro Defense Innovation Board, gabinete responsável pelas estratégias para "garantir a supremacia tecnológica e militar dos Estados Unidos", segundo a missão que ele mesmo formulou para o novo órgão, e, em seguida, da primeira comissão sobre inteligência artificial: o cardeal se estabeleceu no centro do reator, e sua palavra se tornou lei em todos os assuntos do futuro.

A parábola do cardeal do Google é apenas o exemplo mais notável entre os inúmeros casos de conquistadores da tecnologia que caminharam lado a lado com os democratas por muitos anos – até o final da administração Biden, na verdade.

Essa proximidade fez com que o partido dos advogados, sempre meticuloso no respeito às normas e às leis, se esquecesse de impor qualquer tipo de regulação às plataformas que se tornaram o palco de grande parte da vida política da nação. Mesmo depois da primeira eleição de Trump, quando ficou claro que o poder das plataformas alterava profundamente o funcionamento da democracia americana, os democratas nunca consideraram seriamente a possibilidade de impor responsabilidades mínimas àqueles que haviam se tornado, sem sombra de dúvida, os novos mestres do jogo. E, quando a disputa se deslocou para o terreno da inteligência artificial, o partido dos advogados manteve a mesma indiferença olímpica, limitando-se a alguns encontros cordiais com os donos do Google e da Microsoft. Graças a eles, em vez de ser desenvolvida sob a tutela do governo, como aconteceu com as armas nucleares e outras tecnologias militares, a IA se expande sem controle algum, nas mãos de empresas privadas que se elevam à condição de Estados-nação.

Há trinta anos, de meados da década de 1990 até os dias de hoje, os democratas americanos se curvam diante dos empreendedores da tecnologia, que de nerds gentis e com um pouco de Asperger, prometendo um futuro de fraternidade universal, transformaram-se em demônios terríveis, ainda com Asperger, envolvidos em uma guerra implacável pela supremacia planetária e intergaláctica.

"O Império Mexicano foi, de certa forma, conquistado pelos mexicanos", constatou um dos primeiros historiadores da colonização espanhola, na época de Montezuma II. Um punhado de aventureiros, desprovidos de mapas e sem qualquer conhecimento da língua ou dos costumes locais, jamais teria conseguido tomar o Estado mais poderoso da América e sua capital de 200 mil habitantes se não tivesse contado com a cumplicidade de senhores locais, intimidados pela feitiçaria dos recém-chegados ou motivados pela ganância.

Na era da colonização digital, os líderes moderados desempenharam a mesma função. Chegaram a dar um passo adiante, colocando-se a serviço dos novos conquistadores. Como o ex-vice-presidente Al Gore, que, depois de gerenciar as políticas de internet da Casa Branca, acumulou centenas de milhões de dólares na Apple, depois em uma empresa de capital de risco do Vale do Silício. Ou Nick Clegg, ex-vice-primeiro-ministro britânico, que se tornou o principal lobista de Mark Zuckerberg e foi demitido como um criado qualquer poucos dias depois da reeleição de Trump.

Porque, como era de se esperar, os conquistadores tiraram as máscaras. Ninguém duvida de que figuras como Eric Schmidt e Bill Gates tenham sido sinceras ao se apresentar como bons democratas progressistas. Algumas ainda se consideram assim. Mas ficou claro que, para além das preferências individuais, a convergência entre magnatas da tecnologia e borgianos é estrutural. Esses dois tipos de predadores extraem seu poder da insurreição digital e nenhum está disposto a aceitar limites à sua vontade de poder: os advogados são seus inimigos naturais, o alvo a ser eliminado para que o novo mundo possa florescer.

Na hora dos predadores, os borgianos do mundo inteiro transformam os territórios que governam em laboratório para os conquistadores digitais, permitindo que eles implementem sua visão de futuro sem se preocupar com leis e direitos de épocas passadas. MBS está construindo enclaves onde só se aplicarão as leis da tecnologia, Bukele adotou o bitcoin como moeda oficial de seu país, Milei cogita construir centrais nucleares para alimentar os servidores de IA. Trump, por sua vez, confiou setores inteiros de sua administração aos mais fervorosos aceleracionistas do Vale do Silício. Sob essas lideranças, o mundo se transforma em um retalho de territórios que correm em direção a um futuro pós-humano, sem qualquer tipo de proteção.

Os advogados se curvaram aos novos mestres no mundo todo, não apenas nos Estados Unidos. Eles pensaram que a submissão os salvaria, mas não foi o caso. Embora o céu tenha caído sobre suas cabeças, a maioria ainda não entendeu o que está acontecendo, como o brilhante líder dos liberais alemães. Eles ainda pensam que uma pequena disputa entre Donald Trump e Elon Musk pode mudar o jogo. Quem sabe talvez ainda estejam à espera de um Maistre que lhes diga, como à marquesa de Costa: "É preciso coragem para admitir, senhora: por muito tempo, não entendemos a revolução da qual somos testemunhas; por muito tempo, a tomamos por um *acontecimento*. Estávamos equivocados: trata-se de uma *época*".

■ ROMA,
outubro de 1998

DIZEM QUE A VELHICE É a idade da sabedoria, mas
o mais bonito é quando acontece exatamente o contrário.
Não há nada mais irresistível do que a loucura de um velho
que se livrou de todos os seus complexos e de todas as suas
ambições, que não tem necessidade nem vontade de agradar
a ninguém e que diz as coisas como elas são, divertindo-se,
sem dúvida, tentando assustar e, às vezes, até conseguindo.

Quando eu tinha 20 anos, frequentava um deles. Ele
havia lido meu primeiro livro e de tempos em tempos me
convidava para almoçar, gostava de ter alguém a quem
contar suas histórias. Ele se chamava Francesco Cossiga,
era conhecido por suas depressões e sua inteligência. Havia
sido ministro do Interior na época do sequestro de Aldo
Moro, depois primeiro-ministro e presidente da República
italiana. Nenhum desses cargos havia conseguido acalmar
sua natureza bipolar, e seus momentos de euforia alterna-
vam com períodos de depressão. Quando o conheci, ele
dava a impressão de ser alguém que acordava pela manhã
com uma única preocupação: saber como ocupar seu dia.
E ele colocava toda a inteligência maquiavélica que o havia

levado ao topo do Estado, atravessando as mais sombrias intrigas dos anos de chumbo, a serviço deste único objetivo: divertir-se, se possível arrancando um sorriso de alguns amigos e um calafrio de terror de seus muitos inimigos. Ele contava histórias mirabolantes, analisava a situação atual, decifrava os bastidores e, de vez em quando, dava entrevistas que causavam estrondo no microcosmo da política romana: pequenos monumentos de inteligência política, de cinismo, de ironia feroz e indiferente. O primeiro secretário do antigo Partido Comunista? Um zumbi de bigode. O prefeito de Palermo, Leoluca Orlando? Um pobre coitado, desencaminhado por um padre fanático, que pensa viver no Paraguai do século XVII.

À noite, ele assistia a programas de televendas nas emissoras locais. Então ligava para a central e encomendava um conjunto completo de facas. "Eu sou Fran-ces-co Cos-si-ga", ele dizia, com a cadência sarda que articula cada sílaba com uma precisão teutônica. Os atendentes não acreditavam, depois lhe davam as facas de presente.

Era apaixonado por tecnologia e espionagem. Um dia, depois do almoço, sentou-se no sofá e começou a digitar no teclado de seu celular. Pensei que estivesse ligando para alguém, mas, depois de alguns minutos, vi que continuava, concentrado, pressionando as teclas. Comecei a me preocupar, temendo que tivesse perdido completamente a cabeça. Estava enviando seu primeiro SMS. Na época, ninguém imaginava que o telefone se tornaria um meio de troca de mensagens. O antigo presidente e o chefe dos serviços de inteligência trocavam os primeiros torpedos.

E então, um dia, ele saiu de seu torpor e derrubou o governo Prodi, para o qual eu trabalhava na época, com todo o entusiasmo de minha juventude. Não voltei a vê-lo depois disso: ele já não me parecia tão engraçado. Cruzei com ele um dia na Praça do Panteão, cercado pela pequena corte felliniana que, em Roma, forma-se instantaneamente em torno dos poderosos.

– Presidente, o que aconteceu...

Ele me olhou como se nunca tivesse me visto antes. E então fez um gesto, como quem diz: é tudo a mesma coisa, isso, os SMS, o governo da Itália, as facas de televendas.

Mais tarde, explicou que havia sido obrigado a fazer o que fez, porque os Estados Unidos haviam decidido bombardear o Kosovo e porque a extrema-esquerda, que apoiava Prodi, não permitia a utilização das bases militares italianas. "O problema dos americanos é o seguinte", ele dizia, "eles levam a sério o 'sim, sim, não, não' evangélico e não estão familiarizados ao uso do 'talvez' e do 'por outro lado', formas típicas da linguagem política italiana."

A realpolitik de Cossiga causou uma das primeiras decepções políticas de minha vida. Ainda assim, devo admitir que continuei tendo um fraco pelos anciãos ainda capazes de produzir o inesperado. É o espírito de Tolstói, que, aos 82 anos, fugiu de casa e morreu à beira da linha férrea que deveria levá-lo não se sabe aonde. É o último Sartre, que renegou o marxismo e se dedicou ao estudo da Torá, escandalizando os pequenos mestres da margem esquerda (trair os discípulos: mais um dos benefícios ignorados da loucura senil...). É o caso de todos os personagens que preferiram continuar dando o mau exemplo, em vez de entediar seus herdeiros com bons conselhos.

À primeira vista, Henry Kissinger não fazia parte dessa categoria; ele estava mais para um entomologista do poder, que até o fim seguiu cultivando suas redes, a ponto de comemorar quatro vezes seu centésimo aniversário – em Nova York, no Connecticut, no interior da Inglaterra e na Baviera – para não decepcionar nenhum de seus inúmeros acólitos.

Antigo conselheiro de John Kennedy, depois secretário de Estado de Richard Nixon, historiador, diplomata, Kissinger foi o último representante da geração marcada pela Segunda Guerra Mundial que teve acesso a todos os grandes do mundo; o último velho sábio que podia voar para Pequim para discutir com Xi Jinping, e depois transmitir uma mensagem confidencial ao presidente dos Estados Unidos.

Ele conhecia intimamente as alegrias e as frustrações do papel de conselheiro. É como estar "na posição de um homem sentado ao lado de um motorista que se dirige para um precipício, a quem se pede para verificar se o tanque de gasolina está cheio e se a pressão dos pneus está adequada", ele disse um dia.

Além de certa tendência para a realpolitik, Kissinger compartilhava com seu amigo Cossiga um feroz senso de humor. Quando se faz política, ele dizia, só temos duas opções: ou somos engraçados de propósito, ou sem querer, então, melhor ser deliberado.

A quem lhe perguntava como se preparar para desempenhar um papel no mundo, Kissinger respondia com as palavras de Winston Churchill: "Estude a história, estude a história, estude a história". O cúmulo da transgressão numa época em que os borgianos apostam no embotamento das memórias para reescrever a história e reativar as paixões dos movimentos antidemocráticos da primeira metade do século XX, enquanto os magnatas da tecnologia fazem de sua ignorância do passado um argumento de marketing.

"É ótimo estar de volta a Pequim! Comecei minha visita com uma corrida na Praça da Paz Celestial", escreveu Mark Zuckerberg na postagem de uma foto sua de short e correndo na praça onde milhares de estudantes foram massacrados pelo exército chinês na primavera de 1989. "Aprendi a usar a palavra 'impossível' com muita cautela e espero que vocês adotem a mesma atitude em suas vidas", declarou Jeff Bezos, citando um cientista nazista como modelo para sua jornada espacial.

Dito isso, Kissinger era tudo menos um velho rabugento e nostálgico. Pelo contrário, ele era movido pela curiosidade e pelo desejo de entender, algo que falta cruelmente à maioria dos homens de poder hoje. Para quem sabe utilizá-la, a história é, acima de tudo, uma maneira de compreender o que realmente acontece de novo.

Em 2015, ele estava em uma conferência e havia planejado faltar à sessão sobre inteligência artificial, sobre a qual não sabia nada e que, a princípio, não lhe interessava nem um pouco. Mas, por escrúpulo germânico, decidiu comparecer. E ficou fascinado: o fundador do DeepMind, Demis Hassabis, estava apresentando o software que derrotaria o campeão mundial de Go. Mas Kissinger percebeu imediatamente que a importância daquela partida era muito mais ampla. E que, ao contrário do que pensava, aquele desafio o envolvia diretamente, como "historiador e homem de Estado em tempo parcial".

Pela primeira vez, a seu ver, "o conhecimento humano perde seu caráter pessoal, os indivíduos se transformam em dados, e os dados se tornam preponderantes". A IA não é um simples acelerador de poder, mas uma nova forma de poder, que se distingue de todas as máquinas criadas pelo homem até então. Se a automação se concentrava nos meios, a IA se interessa pelos fins; ela estabelece seus próprios objetivos e "desenvolve uma capacidade que se acreditava reservada aos seres humanos. Ela emite julgamentos estratégicos sobre o futuro".

Enquanto seus colegas mais jovens, advogados democratas ou poderosos de Davos, enxergam apenas um desafio técnico, Kissinger percebe desde o início que a IA representa um desafio político. Acredito que o velho Cossiga teria feito o mesmo, assim como qualquer um dos líderes mais brilhantes de sua geração. Tendo vivido a guerra na juventude, nenhum deles cairia na armadilha de conceber o poder como uma competição entre tecnocratas armados de slides do PowerPoint. Mesmo sem nunca ter lido Fénelon, eles sabiam instintivamente que não se deve esperar, entre os homens, que uma potência superior permaneça dentro dos limites da moderação. Com a morte desses homens, perdemos essa sabedoria no exato momento em que uma nova potência começava a emergir. Enquanto entomologista do poder, Kissinger discerne a natureza profunda da IA. Para ele, a IA surge como uma tecnologia borgiana, cujo poder reside em sua capacidade de gerar espanto. Como os borgianos, a IA se alimenta do caos e dele extrai a surpresa. Sua capacidade de ação ainda é limitada, mas a próxima geração de softwares, capazes de realizar tarefas de forma autônoma, já se desenha no horizonte. Como os borgianos, a IA não se prende a regras nem a procedimentos. Ninguém, nem mesmo seus criadores, sabe como ela toma decisões. A única coisa que importa é o resultado – o sucesso, diria Milei –, independentemente de como se chega a ele. O poder da IA não tem nada de democrático nem de transparente. Mais do que artificial, a IA é uma forma de inteligência *autoritária*, que centraliza os dados e os converte em poder. Tudo isso em meio à mais absoluta opacidade, sob o controle de um punhado de empreendedores e cientistas que cavalgam o tigre torcendo para não ser devorados.

O grande dilema que estruturou a política no século XX foi a relação entre Estado e mercado: que parte de nossas vidas e do funcionamento da sociedade deve estar sob o controle do Estado e que parte deve ser deixada ao mercado e à sociedade civil? No século XXI, a clivagem decisiva passa a ser entre o humano e a máquina. Até que ponto nossas vidas devem ser submetidas a poderosos sistemas digitais – e sob que condições? No fim das contas, os indivíduos e as sociedades terão de decidir que aspectos da vida devem ser reservados à inteligência humana e que aspectos devem ser confiados à IA ou à colaboração entre o homem e a IA. E, sempre que escolherem privilegiar o humano, em vez de recorrer a uma IA que poderia garantir resultados mais eficazes, haverá um preço a pagar.

LISBOA,

maio de 2023

O QUE MAIS CHAMA A ATENÇÃO é o desamparo dos espectadores. No palco, porém, cada um desempenhou seu papel. O conselheiro científico do presidente americano fez perguntas neutras e educadas, destinadas a evitar qualquer atrito, acima de tudo para não perturbar, nem por um instante, o monólogo triunfal dos magnatas da tecnologia.

Sam Altman, CEO da OpenAI, também falou — seus olhos arregalados lhe conferem, a todo momento, a expressão alarmada de um ser dos bosques, um cervo ou um coelho manso, em contraste com o tom monótono e com a vontade de poder ilimitado que transparece em cada uma de suas palavras, até nas mais banais.

Demis Hassabis encarnou o rosto sorridente do pós-humano, talvez ainda mais inquietante por trás de sua afabilidade mediterrânea, porque se percebe que ele acredita de verdade que não se trata de dinheiro nem de poder, ele está convencido de que a única esperança para a humanidade é entregar-se ao deus digital que ele vem criando na fábrica da DeepMind.

De minha parte, primeiro interpretei um de meus papéis favoritos: o do sujeito que ninguém entende direito o que está fazendo ali e que, ao que tudo indica, não deveria estar naquela mesa. Depois entendi. Os organizadores daquela discussão a portas fechadas sobre as perspectivas da IA precisavam de um ser humano. Ao lado dos semideuses ocupados em conceber futuros que não nos incluem, eles queriam um ser humano mais ou menos normal, disposto a formular algumas dúvidas sobre aquela empreitada. Percebi que recusar o papel de ser humano seria uma forma de deserção particularmente humilhante.

Dada minha experiência de escriba asteca, é verdade que sou profundamente incompetente em matéria de inteligência artificial. Em contrapartida, frequentando a política, desenvolvi certa competência em matéria de estupidez natural. E, quando se pensa no futuro da inteligência artificial, é necessário admitir que ela não vai reforçar apenas a inteligência humana, ela também vai reforçar nossa estupidez.

Foi assim que me vi, uma tarde de primavera, em um hotel de Lisboa, diante de uma pequena amostra da lendária agenda de contatos de Kissinger: o secretário-geral da Otan e seu comandante militar, a presidenta do Parlamento Europeu, dois ou três chefes de governo, uma leva de ministros, comissários, chefes de serviços de inteligência, um punhado de bilionários, os CEOs de algumas das maiores empresas do mundo.

O sonho acordado de todo conspiracionista, o alto escalão dos Illuminati supostamente responsáveis pelo destino do planeta. No entanto, se assistisse a essa reunião com a mente aberta – pouco comum entre os conspiracionistas –, ele testemunharia um fenômeno curioso.

À medida que Altman e Hassabis avançavam em sua apresentação, a audiência exibia uma expressão cada vez mais desconcertada. O presidente da OpenAI, que tem síndrome de Asperger, e o presidente da DeepMind, completamente absorto em sua busca messiânica, estavam cegos para o que acontecia, mas o fenômeno era marcante. Ao ouvir os dois papas da IA, os simples mortais presentes na sala, por mais todo-poderosos que fossem, percebiam com crescente nitidez que não havia o menor ponto de contato entre suas experiências e o novo mundo que se descortinava diante de seus olhos. Pior ainda, que nenhuma relação humana poderia ser estabelecida com os portadores da Boa Nova, pois estes já habitavam outra realidade, onde tudo o que havia constituído a essência da aventura humana até então – a começar pela autonomia do indivíduo – havia deixado de ter qualquer significado. E, quanto mais os tecnólogos tentavam tranquilizá-los, mais uma mão de gelo acariciava a espinha dos participantes. Em determinado momento, ao vê-los afundando em suas cadeiras, lembrei-me do rosto do pobre capitão Rocca naquela famosa noite em Chicago. Naquela tarde, em Lisboa, os amigos de Kissinger, os governantes e os CEOs, tinham exatamente a mesma expressão do capitão Rocca. Pouco importava que sua posição na ordem hierárquica não fosse a mesma. Pouco importava a presença de dezenas, centenas de capitães Rocca postados nos arredores para garantir a segurança, pouco importava o número de helicópteros e atiradores de elite mobilizados para zelar pela tranquilidade dos amigos de Kissinger: no fundo, sua posição diante dos papas da IA não diferia da de todos os capitães Rocca de Lisboa e do resto do planeta. A mesma inquietação os unia.

Diante do novo mundo que se anunciava, os amigos de Kissinger estavam tão desamparados quanto o mais comum dos mortais. Talvez até mais, porque seu papel exigia que eles se projetassem no futuro para tomar decisões, elaborar planos e calcular investimentos. Para isso, estavam acostumados à ideia de que adquirir informações é a melhor maneira de reduzir a incerteza sobre o futuro. Longe de serem uma instância de governo mundial, reuniões como aquela serviam, acima de tudo, para uma coisa: tomar a dianteira graças à troca de ideias com pessoas bem informadas.

Na hora dos predadores, essa regra já não se aplica. Hoje, temos cada vez mais informações e somos cada vez menos capazes de prever o futuro. Nossos antepassados viviam em sociedades muito mais pobres em dados, mas podiam fazer planos para si e para seus descendentes. Nós temos cada vez menos ideia do mundo no qual acordaremos amanhã de manhã.

Esse paradoxo não é conjuntural, mas estrutural. Ele decorre da própria natureza do digital. Com a redução da realidade a uma sequência de 0 e 1, a codificação digital cumpre sua implacável obra de homogeneização, eliminando tudo o que não pode ser quantificado. Ao fazê-lo, a transição do analógico para o digital se esquiva do sentido profundo das coisas e escancara a porta para o caos.

É por isso que não temos futuro, pelo menos no sentido em que nossos avós o concebiam. Futuros culturais plenamente imaginados são um luxo do passado, diz William Gibson, época em que o "agora" durava muito mais. Para nós, tudo pode mudar tão bruscamente que futuros como os de nossos avós não têm "agora" suficiente para se manter de pé.

Uma realidade como essa é uma realidade na qual apenas os borgianos se sentem à vontade, porque eles se alimentam do caos, e Deus sabe que a maioria das pessoas presentes naquela tarde em Lisboa não tinha a menor simpatia pelos borgianos, que povoavam seus piores pesadelos.

Mas Altman e Hassabis lhes apresentam uma alternativa. A harmonia do mundo pode ser restabelecida em toda a sua grandeza. A IA também se alimenta do caos, mas promete, em troca, uma nova ordem. Um governo racional da sociedade, decisões tomadas com base em dados – teoricamente, o sonho dos tecnocratas. Há um único porém. Para que o reino da IA se estabeleça, é necessário substituir o saber pela fé.

À pergunta "As IAs um dia serão capazes de explicar como tomam suas decisões?", os tecnólogos respondem que isso nunca acontecerá, que os modelos se revelarão consistentes, dignos de confiança, e que precisaremos nos contentar com isso.

Como o Deus de Kierkegaard, a IA não pode ser pensada em termos puramente racionais. A única maneira de se relacionar com ela é por meio de um salto de fé. Sua grande promessa é prever, mesmo que não compreendamos como. Os tecnólogos não veem onde está o problema. Como não se interessam por história nem por filosofia, não percebem que sua proposta equivale a um retorno à época anterior às Luzes, a um mundo mágico, incompreensível, regido por uma IA que será venerada como os deuses da Antiguidade.

"Nem sempre são os mesmos deuses que reinam no céu, nem sempre são os mesmos impérios que cobram impostos nas cidades e nos campos", diz Montezuma em seu diálogo imaginário com Italo Calvino. Ele e todos como ele se resignam de boa vontade.

Kissinger é mais resistente. Seu corpo está tão deteriorado que ele precisa de ajuda para se levantar. Sua voz cavernosa, famosa desde sempre pela ininteligibilidade, está reduzida a um gorgolejo quase indiscernível. Às vésperas de completar 100 anos, ele poderia estar em qualquer outro lugar. Mas ele está no salão de um hotel em Lisboa, discutindo a inteligência artificial. Discutindo suas "consequências", das quais tem plena consciência de ver apenas uma ínfima parte.

Alguns anos antes, depois de seu primeiro encontro com Hassabis, ele se fez a pergunta mais difícil e mais importante: "O que vai acontecer com a consciência humana se seu próprio poder explicativo for superado pela IA e as sociedades não forem mais capazes de interpretar o mundo que habitam em termos que façam sentido para elas?".

O verdadeiro romance de antecipação da IA é *O processo*, de Kafka, no qual ninguém entende o que está acontecendo, nem o acusado nem os juízes que o examinam, e ainda assim os acontecimentos seguem seu curso inexorável. No outro grande romance de Kafka, quando K., o protagonista, tenta se concentrar no centro do poder que controla seu destino, sem nunca ter acesso a ele nem obter a menor luz, seu olhar "escorrega sobre o Castelo, sem conseguir se agarrar a nada". E, quando tenta telefonar, ele só ouve do outro lado da linha um canto de vozes distantes ou, ao contrário, uma voz severa e orgulhosa que se recusa a lhe fornecer qualquer explicação.

Para alguns, o Castelo já está aqui. Quando se diz que o futuro está entre nós, mas distribuído de forma desigual, em geral se quer dizer que os privilegiados já têm acesso às tecnologias do futuro, enquanto os demais ficam para trás. No caso que estamos analisando, a situação se inverte. O Castelo, por enquanto, não passa de uma hipótese para as classes abastadas, mas já é uma realidade para aqueles que estão na base da pirâmide. Os entregadores, por exemplo, praticamente não têm mais contato algum com seres humanos em suas rotinas de trabalho. Seu único interlocutor é um aplicativo em seus telefones. É ele que distribui as tarefas a serem realizadas, que orienta no cotidiano, que avalia o desempenho, segundo uma lógica que às vezes parece compreensível e, de repente, torna-se impenetrável. Se algo der errado, se o entregador se deparar com um acontecimento imprevisto ou se o dispositivo travar, não haverá ninguém a quem recorrer. O aplicativo tira suas conclusões e emite seu julgamento. O bom senso e a sensibilidade de um ser humano foram deliberadamente descartados. Na melhor das hipóteses, o entregador pode se dirigir, por formalidade, a um call center localizado a milhares de quilômetros de distância, onde, após uma longa espera, encontrará o consolo de um ser humano tão desprovido de poder quanto ele.

Com o passar do tempo, o Castelo ocupa novos espaços e se expande para outras esferas de atividade. Quanto mais as capacidades da IA aumentam, mais o Castelo sobe na hierarquia social. Se os operários são substituídos por máquinas e os entregadores são cada vez mais transformados em máquinas, o mesmo fenômeno atinge hoje os trabalhadores, os funcionários públicos, chegando às antigamente chamadas profissões liberais. Em um futuro já muito próximo, médicos, contadores e advogados terão de se submeter às instruções da IA e se justificar nos casos em que decidirem adotar comportamentos desviantes. Somente os mais poderosos terão uma margem de manobra, e, ainda assim, quem sabe por quanto tempo.

O Castelo conquista novos territórios a cada instante, e, talvez seja isso que os amigos de Kissinger confusamente pressintam, chegará o dia em que acabará por alcançá-los também, quando a esmagadora superioridade dos algoritmos sobre o julgamento dos políticos e dos grandes gestores for demonstrada sem sombra de dúvida. Nesse dia, o Castelo terá coberto todo o planeta, e os únicos a poder dançar, livres e volúveis como novos duques da Saxônia, serão os sacerdotes do novo culto, os conquistadores da IA, saboreando por um instante a ambrosia dos deuses antes de também serem condenados ao esquecimento pela matriz do pós-humano.

■ LIEUSAINT,
dezembro de 2024

NO CINZA INDIFERENTE da grande periferia parisiense, há um município de 14 mil habitantes em nada distinto de outras cidades novas, exceto pelo nome bonito: Lieusaint. Seu prefeito, Michel Bisson, é um homem de pouco mais de 50 anos, firme e determinado, com quem basta conversar por cinco minutos para reencontrar tudo o que compõe o charme da política local: profundo conhecimento do território, gosto pelos detalhes, ambição de transformar a realidade. Capacidade de gerenciar conflitos, conciliar exigências contraditórias, tomar decisões em situações ambíguas. Habilidade de perceber a ironia das coisas. Pitada de fatalismo. E, claro, doses necessárias de astúcia, gosto pelo comando e necessidade de atenção. Mas, acima de tudo, prazer no contato humano, com o calor e as surpresas que ele oferece. O exato oposto dos Asperger da tecnologia e seu desejo obsessivo de transformar o homem em máquina.

Em 25 anos de mandato, o prefeito já viu de tudo, mas há alguns anos foi confrontado com um problema sem precedentes. Todas as manhãs, a partir das sete horas, em vez de permanecerem na Francilienne e na A5, que levam a Paris contornando sua cidade, algumas centenas, e depois milhares de carros começaram a sair dessas vias expressas para atravessar o centro pacífico e os bairros residenciais do norte de Lieusaint. De repente, uma horda de caminhões e SUVs começou a passar em alta velocidade em frente às casas adormecidas que margeiam o bosque de La Flèche e o canal de Ormoy, entre os plátanos da avenida das Pépinières e diante do salão de eventos na Rue de Tigery, sem sequer diminuir a velocidade na altura da creche da Rue du Saule-de-la-Chasse ou para os pequenos alunos da escola Le Petit-Prince. Os motoristas deviam estar sendo forçados a esse desvio pelos engarrafamentos que se formavam por toda parte.

Em poucos dias, os bairros residenciais de Lieusaint se transformaram em um inferno urbano: levar os filhos para a escola virou uma verdadeira odisseia, a qualquer momento era possível ser atropelado. Além disso, havia buzinas, colisões, congestionamentos e atrasos, sem contar a poluição.

Não demora muito para o prefeito perceber que a causa de tudo isso é um balãozinho sorridente, que todos os motoristas aprenderam a conhecer e a apreciar: o Waze, o aplicativo do Google que sugere as rotas mais rápidas em tempo real e permite economizar tempo ao evitar engarrafamentos. Uma bênção para os motoristas, uma espécie de dedo de Deus descendo do céu para mostrar o caminho. Ao contrário de Deus, porém, o Waze tem uma única missão: fazer com que seus usuários ganhem tempo. Qualquer outra consideração lhe é irrelevante. Se sair da rodovia para atravessar um bairro residencial, passar em alta velocidade em frente a creches e asilos, colocar em risco a tranquilidade e a segurança dos moradores puder fazer seus milhões de usuários economizarem nem que seja um minuto, um mísero minuto, o Waze insistirá com afinco nesse trajeto.

Assim como seus criadores, o Waze sofre de Asperger: seus esforços se concentram em um único objetivo. Tudo o que desacelere sua busca não passa de ruído, inútil na melhor das hipóteses, ou francamente prejudicial.

A visão do prefeito de Lieusaint é um pouco diferente. Bisson não é um luddista,[5] longe disso. Há anos, foi um dos primeiros prefeitos da região a abrigar um centro de processamento de dados em seu município. Ele joga videogame quando chega em casa e é usuário do Waze, mas, no caso em questão, ele não pode ficar de braços cruzados.

Após uma análise profunda da situação, ele decide modificar o plano de tráfego da cidade, coloca ruas em sentido único e diminui o limite de velocidade para trinta quilômetros por hora. Em seguida, instala um semáforo no Boulevard de l'Europe, em um ponto onde ele não seria necessário, com o único objetivo de fazer os motoristas perderem dois minutos e desmotivar o algoritmo do Waze. A questão é dissuadir os condutores de passagem,

---

[5] O termo "luddista" se refere aos trabalhadores do início do século XIX que se opuseram à automação nas indústrias têxteis, temendo que as máquinas substituíssem o trabalho humano. O movimento foi liderado por um personagem fictício chamado Ned Ludd. Hoje, o termo é usado para descrever pessoas que resistem ao avanço tecnológico por preocupações com seus impactos sociais ou econômicos. [N.E.]

sem causar muitos transtornos aos moradores. As medidas surtem efeito, mas não resolvem o problema.

Bisson decide atacar o problema na raiz. O problema é que o Waze se assemelha a todas as outras plataformas on-line. É uma marca conhecida por todos, com centenas de milhões de usuários, bilhões de receita e um impacto profundo na vida das cidades e dos territórios em todo o planeta. Mas, se você precisar falar com alguém, não encontrará um único funcionário na França, nem mesmo um número de telefone ao qual recorrer. Apenas o zumbido das vozes distantes do Castelo.

Ao se debruçar sobre o problema, o prefeito descobre que o Waze se baseia no trabalho de cartógrafos voluntários, que classificam os diferentes tipos de rota e ajudam o aplicativo a desenvolver uma percepção mais sutil do contexto territorial. Mais uma vez, como na maioria dos casos, o Castelo se apropria de um bem público e o transforma em benefício privado. Como bom político, Bisson tenta tirar partido da situação e se aproxima dos cartógrafos para pedir que classifiquem algumas vias de Lieusaint como caminhos rurais, para que o aplicativo redirecione seus fluxos de usuários. Os cartógrafos são sensíveis à situação, mas há um limite para o que podem fazer: "Eles têm seu orgulho", diz-me o prefeito, "é normal, fazem isso por paixão, não podem escrever qualquer coisa".

Nesse ponto, resta apenas a alternativa mais drástica. A mídia. Por mais que as redes sociais e seus mestres a associem às elites dominantes, a imprensa continua sendo um contrapoder. Bisson recorre aos jornalistas, repete sua história, é incisivo, expressivo, sabe se comunicar. O "prefeito anti-Waze" viraliza, ainda que isso o incomode um pouco – afinal, ele está longe ser um luddista, mas o que fazer?

Finalmente, alguém do Castelo se manifesta. É a época em que as plataformas ainda se preocupam um pouco com coberturas negativas na imprensa. Como o Waze não tem uma sede na França, uma equipe de subordinados é envidada do QG europeu em Amsterdã. Bisson os recebe na sala de reuniões da prefeitura e expõe o problema. Eles são educados, demonstram compreensão, tomam notas. Bisson, que não nasceu ontem, percebe de imediato que eles estão ali apenas para acalmar os ânimos. Fica claro que não têm o menor poder de decisão. Eles também são peças da máquina algorítmica.

Em desespero de causa, o prefeito sugere ao menos a inclusão de alguns parâmetros. Por que, por exemplo, não levar em conta as escolas e os hospitais, para protegê-los das hordas enviadas pelo aplicativo?

Os emissários do Castelo escutam com compaixão, pedem desculpas educadamente e vão embora. O prefeito nunca mais terá notícias deles.

Ao terminar seu relato, Bisson ergue os olhos. Estamos na mesma sala quadrada da prefeitura onde ele recebeu a delegação do Waze. A tímida luz invernal que entrava pela janela foi substituída pelo brilho da iluminação pública.

– O senhor acha que eles fizeram alguma coisa?

– Não sei, o que acha?

– Acho que não.

O prefeito de Lieusaint sorri. A luta continua.

Notas bibliográficas

Página 11. A introdução deste livro dissimula uma citação de Sándor Márai que merece ser lida na íntegra: "É possível que a luz do mundo se apague e que, em seguida a alguma convulsão ainda mais terrível que a guerra, mergulhemos numa escuridão semelhante à que nos envolve esta noite; também é possível que no espírito humano as coisas evoluam de tal modo que tudo o que ficou em suspenso seja discutido e resolvido a ferro e a fogo. Graças a diversos sinais, percebo que esse momento está próximo". (Márai, Sandor. *As brasas*. Traduzido da versão italiana por Rosa Freire d'Aguiar. São Paulo: Companhia das Letras, 1999. p. 141.)

Página 14. Mérimée citado por Morand, Paul. *Journal d'un attaché d'ambassade (1916-1917)*. Paris: Gallimard, 1996. p. 64.

Página 17. Flaubert, Gustave. *L'Éducation sentimentale*. Paris: Gallimard, 1972. p. 352. [Em português: *A educação sentimental*. Tradução de Rosa Freire d'Aguiar. São Paulo: Companhia das Letras, 2017.]

Página 18. Ver Ortega y Gasset, José. *El origen deportivo del estado* (1966). [Em português: *A origem desportiva do Estado*. Lisboa: Ministério da Educação e Cultura, 1987.]

Página 20. A brincadeira sobre os percentuais das séries se inspira em: Sirota, David. What *Veep* Got Right About Our Government. *Salon*, 27 jun. 2013. Disponível em: https://www.salon.

com/2013/06/27/what_veep_got_right_about_our_government/.
Acesso em: 29 abr. 2025.

Página 23. Surkov, Vladislav. Куда делся хаос? Распаковка стабильности. *Актуальные комментарии*, 20 nov. 2021. Disponível em: https://actualcomment.ru/kuda-delsya-khaos-raspakovka--stabilnosti-2111201336.html. Acesso em: 29 abr. 2025.

Página 25. Tolstói citado por Chiaromonte, Nicola. *Credere e non credere*. Bolonha: Il Mulino, 1993. p. 61. Chiaromonte completa com suas próprias palavras, que traduzi na frase que segue a citação.

Página 27. Crépu, Michel. *Le Souvenir du monde. Essai sur Chateaubriand*. Paris: Grasset, 2011. p. 178.

Página 27. Blair, Tony. *On Leadership. Lessons for the 21st Century*. Nova York: Crown, 2024.

Página 31. Kojève, Alexandre. "Les philosophes ne m'intéressent pas, je cherche des sages", une conversation avec Alexandre Kojève. Entrevista com Gilles Lapouge em janeiro de 1968. *Le Grand Continent*, 25 dez. 2020. Disponível em: https://legrandcontinent.eu/fr/2020/12/25/conversation-alexandre-kojeve/. Acesso em: 29 abr. 2025.

Página 35. Ver Guichardin, François. *Histoire d'Italie. 1492-1534*. Tradução de Jean-Louis Fournel e Jean-Claude Zancarini. Paris: Robert Laffont, 1996.

Página 36. Vinci citado por Boucheron, Patrick. *Léonard et Machiavel*. Paris: Verdier, 2008. p. 99.

Página 46. Ver Machiavelli, Niccolò. Descrizione del modo tenuto dal duca Valentino nello ammazzare Vitellozzo Vitelli, Oliverotto de Fermo, il signor Pagolo e il duca di Gravina Orsini (*Opere*. Florença: Gaetano Cambiagi, 1782. p. 116-122).

Página 47. Maquiavel, Nicolau. *O príncipe*. Tradução de Maurício Santana Dias. São Paulo: Penguin-Companhia, 2010. Cap. 3: Dos principados mistos.

Página 49. Ver Nimier, Roger. *L'Élève d'Aristote*. Paris: Gallimard, 1982. p. 93.

Página 50. Tolstói desenvolveu o tema da limitação dos poderosos em *Guerra e paz*. Ver também o excelente comentário de Nicola Chiaromonte, *op. cit.*, p. 43-82.

Página 50. Goethe, Johann Wolfgang von. *Entretiens avec le chancelier F. de Muller*. Tradução de Albert Béguin. Paris: Stock, 1930. p. 254.

Páginas 55-56. As citações de Nayib Bukele são tiradas do discurso que ele pronunciou na Assembleia Geral da ONU em 24 de setembro de 2024, assim como do artigo de Vera Bergengruen, "How Nayib Bukele's 'Iron Fist' Has Transformed El Salvador", *Time Magazine*, 29 ago. 2024. Disponível em: https://time.com/7015636/president-nayib-bukele-interview/. Acesso em: 29 abr. 2025.

Página 63. Bismarck citado por Levillain, Henriette. *Saint-John Perse*. Paris: Fayard, 2013. p. 284.

Página 64. O cardeal de Retz fala que os filósofos "nunca contam para nada [em política], porque nunca pegam a alabarda", em suas *Mémoires. Œuvres*. Paris: Gallimard, 1984. p. 817. (Bibliothèke de la Pléiade).

Página 66-67. Ver Ganesh, Janan. Beware of the Professional Ghetto. *Financial Times*, 17 ago. 2024.

Páginas 80-81. Yann LeCun, intervenção na Nuit des Idées 2022 da Villa Albertine, em Nova York. Disponível em: https://www.youtube.com/watch?v=f8js7OLig9U. Acesso em: 29 abr. 2025.

Página 83. Almirante Tirpitz citado por Sloterdijk, Peter. *Les Lignes et les Jours. Notes 2008-2011*. Tradução de Olivier Mannoni. Paris: Libella, 2014. p. 227.

Página 83-84. Curzio Malaparte descreve sua rotina parisiense em: *Journal d'un étranger à Paris*. Tradução de Gabrielle Cabrini. Paris: La Table ronde, 2014. Os elementos biográficos são tirados de Serra, Maurizio. *Malaparte. Vies et légendes*. Paris: Grasset, 2011.

Páginas 86-87. Malaparte, Curzio. *Technique du coup d'État*. Tradução de Juliette Bertrand. Paris: Grasset, 1931. [Em português:

Técnicas de golpes de Estado. Tradução de Roberta Sartori. Barueri, SP: Avis Rara, 2022.]

Página 92. Amelot de la Houssaie atribui a citação sobre a dissimulação a Luís XI, que provavelmente nunca a pronunciou, em *Tacite, avec des notes historiques et politiques.* Amsterdã, 1721. t. IV, p. 113.

Página 97. Prescott, William H. *The Conquest of Mexico.* Safety Harbor, FL: Simon Publications, 2001. p. 487.

Página 98. Maistre citado por Compagnon, Antoine. *Les Antimodernes.* Paris: Gallimard, 2005. p. 77. [Em português: *Os antimodernos: de Joseph de Maistre a Roland Barthes.* Tradução de Laura Taddei Brandini. Belo Horizonte: Editora UFMG, 2011.]

Página 101. Cossiga, Francesco. *Italiani sono sempre gli altri.* Milão: Mondadori, 2007. p. 195.

Página 102. Kissinger citado por Naftali, Timothy. Kissinger's Contradictions. *Foreign Affairs,* 1º dez. 2023.

Página 102. Churchill citado por Kissinger, Henry. *Leadership. Six études de stratégie mondiale.* Tradução de Odile Demange. Paris: Fayard, 2023. [Em português: *Liderança: seis estudos sobre estratégia.* Tradução de Cássio de Arantes Leite. Rio de Janeiro: Objetiva, 2023.]

Página 104. Kissinger, Henry. How the Enlightenment Ends. *The Atlantic,* jun. 2018.

Página 110. Ver Gibson, William. *Identification des schémas.* Tradução de Cédric Perdereau. Au diable vauvert, 2004. [Em português: *Reconhecimento de padrões.* Tradução de Fábio Fernandes. São Paulo: Aleph, 2004.]

Página 112. *Le Grand Continent,* 10 abr. 2023. Disponível em: https://legrandcontinent.eu/fr/2023/04/10/calvino-et-moctezuma-dialogue-de-fin-des-temps/. Acesso em: 29 abr. 2025.

Página 112. Kafka, Franz. *Le Château.* Tradução de Alexandre Vialatte. Paris: Gallimard, 1972. p. 147 e p. 36. [Em português: *O castelo.* Tradução de Modesto Carone. São Paulo: Companhia de Bolso, 2008.]

Obras consultadas

Agamben, Giorgio. *La Guerre civile. Pour une théorie politique de la stasis*. Tradução de Joël Gayraud. Paris: Points, 2015.

BBC. *The Kingdom. The World's Most Powerful Prince*.

Bernabè, Franco; Gaggi, Massimo. *Profeti, oligarchi e spie. Democrazia e società nell'era del capitalismo digitale*. Milão: Feltrinelli, 2023.

Chesnot, Christian; Malbrunot, Georges. *MBS confidentiel. Enquête sur le nouveau maître du Moyen-Orient*. Paris: Michel Lafon, 2024.

Ferroni, Giulio. *Machiavelli, o dell'incertezza*. Roma: Donzelli, 2003.

Garapon, Antoine; Lassègue, Jean. *Le Numérique contre le politique*. Paris: Presses universitaires de France, 2021.

Hubbard, Ben. *MBS. The Rise to Power of Mohammed bin Salman*. Nova York: Crown, 2020.

Issenberg, Sasha. *The Victory Lab. The Secret Science of Winning Campaigns*. Nova York: Broadway Books, 2016.

Kaiser, Brittany. *L'Affaire Cambridge Analytica*. Tradução de Dominique Loriot-Laville. HarperCollins France, 2020.

Labruffe, Alexandre. *Un hiver à Wuhan*. Paris: Verticales, 2020.

Lanier, Jaron. *You Are Not A Gadget*. Nova York: Knopf, 2010.

McNeill, William H. *La Recherche de la puissance. Technique, force armée et société depuis l'an mil.* Tradução de Bernadette e Jean Pagès. Paris: Economica, 1992. [Tradução em português: *Em busca do poder.* Tradução de Geraldo Alves Portilho Junior. Rio de Janeiro: BIBLIEX Biblioteca do Exército, 2014.]

Pocock, John G. A. *Le Moment machiavélien.* Tradução de Luc Borot. Paris: Puf, 1997.

Schmitt, Carl. *Machiavel, Clausewitz. Droit et politique face aux défis de l'histoire.* Paris: Krisis, 2007.

Sudjic, Deyan. *The Edifice Complex. The Architecture of Power.* Londres: Penguin, 2011.

Susskind, Jamie. *Future Politics.* Oxford: Oxford University Press, 2018.

Toft, Monica Duffy; Kushi, Sidita. *Dying by the Sword. The Militarization of US Foreign Policy.* Nova York: Oxford University Press, 2023.

Wylie, Christopher. *Mindfuck. Le complot Cambridge Analytica pour s'emparer de nos cerveaux.* Tradução de Aurélien Blanchard. Paris: Grasset, 2020.

Este livro foi composto com tipografia Adobe Garamond Pro e
impresso em papel Off-White 80 g/m² na Formato Artes Gráficas.